新装版

ヤオイズム

あなたは本当に生きているか

TVディレクター、作家
矢追純一

明窓出版

はじめに――あなたが生き延びるために

本書を手に取ったあなたは運がいい。なぜなら、本書はこれからの時代をあなたが生き延びるための本だからである。

もし、満員電車に乗っているときに巨大な地震が襲ってきたら、あなたはどうするか。突然、道が裂け、まわりの建物が倒壊してきたら、あなたはどうするか。二階の屋根をはるかに越える、大きな津波が目の前に迫ってきたら、あなたはどうするか。

不意の災害が襲ってきたとき、冷静に行動できる人は一〇～一五％しかいないという。七〇～七五％の人はフリーズしてしまう。恐怖心から何も考えられなくなり、凍りついてしまうのだ。びっくりして、頭の中が真っ白になった経験があるだろう。あれなのだ。しかし、今度の経験はそれを何十倍も上回るものになるかもしれない。

その場合、足が固まって何もできなくなるほうがまだいいのかもしれない。じつは、残りの一五％の人たちは泣き叫んで、暴れまくり、周囲を巻き込んで事態をさらに悪化させてしまうからだ。落ち着いて降りれば安全な階段でさえ、人々がパニックに陥ると地獄になる。正気を失った人々が小さな出口に殺到すれば、重大な事故は避けられない。

危機から逃げ遅れたり、二次災害に巻き込まれるのは、脳が経験したことのない事態に対して反応できないからだ。頭に知識ばかりを詰め込んで生きてきた人たちは、ほとんどがそうなってしまうだろう。

こうした事態を避けるには、あらかじめ準備をしておくべきだと多くの人は言う。そのとおりである。だが、それだけではあなたが生き延びるには不十分だ。

私はこれまでたくさんの修羅場を経験してきたので、人々をパニックに陥れる恐怖の心理や、その正体がよくわかる。恐怖は頭が作る。だから、頭で恐怖に対するシミュレーションをいくらしたところで、本当の危機に立ち向かうことはできない。

本書は災害の準備をするための本ではない。

いざというときの備えはもちろん大切に違いないが、恐怖の中でも自分を失わないことが大切だ。本書はそのためのものだ。

どんな状況でも、あなたが生き延びるための本なのだ。

編集部注：本書は、二〇一五年に三五館から発刊された『ヤオイズム　頑張らないで生き延びる』の新装版です。

新装版 ヤオイズム あなたは本当に生きているか

第二章　あなたは本当に生きているか

第三章　ネコは悩まない

第四章　じつはあなたが宇宙そのもの

第五章　思いどおりに生きるコツ

第六章　一子相伝を起こそう!

エピローグ――私があなたに伝えること

第一章　なぜ私には一切の恐れがないのか？

悪魔の台地にできた地獄の大穴

一九七六年二月六日、南米ベネズエラのギアナ高地でもとりわけ有名な、標高一三五〇メートルのサリサリニャーマ台地（テーブルマウンテンと呼ばれる）、私はそこにポッカリとあいた、巨大な縦穴のふちに立っていた。そこから、穴の底に降りていくためだ。

穴のふちから下をのぞくと、中に吸い込まれるような力が迫ってくる。抗しがたい迫力である。垂直に切り立った穴の深さは三五〇メートル以上もある。それだけでもとんでもない深さなのだが、当時、私はその深さは五〇〇メートルと聞いていた。まだその縦穴の実際の深さについて知っている人はほとんどいなかったのだから、無理もない。

いずれにしても、その穴のふちに立てば、想像を絶した深淵にだれもが言葉を失ってしまう。テレビドキュメンタリーの仕事で世界中を歩き、驚嘆すべき風景を数多く目にしてきた私でも、これほど圧倒的で、神秘的な光景を見たことはなかった。

その円形をした穴の入り口は東京ドームが数個入ると思われるほど大きく感じられた。しかも、穴の周囲はほぼ絶壁。底までストンときれいに抜け落ちたような構造をしている。いわばコップのような形だ。その巨大なコップのふちから下をのぞくと、底はまるでゴルフ場のグリーンのように小さく見えた。

数百メートルを超えるような高いところから下を見ると、下にあるものが非常に小さく見える。東京スカイツリーの展望デッキ（高さ三五〇メートル）から下を見れば、この感覚がわかっていただけるかもしれない。

穴の底が緑色に見えるのは、そこに高さ二〇メートル級の樹々が生い茂ったジャングルがあるからだ。こうした巨大な穴は火山の噴火、隕石の落下、地面の陥没などでできるが、水が溜まって湖になっている場合がほとんどだ。

穴の深さだけでも驚きだが、その穴底にジャングルが広がっている様は天地がひっくり返ったような衝撃を与える。しかも、有史以来、この地底のジャングルに分け入った者はおそらくだれもいない。いわば、地上の世界とは隔絶した、コナン・ドイルの描いた「失われた世界(ロストワールド)」そのものだ。そこには古代の恐竜がそのまま棲息していることも、未知の生物や植物が生殖していることも考えられた。

このサリサリニャーマの巨大縦穴を当時はだれも知らなかった。サリサリニャーマは緩やかな裾野を持つ山ではない。そこは文明世界から遠く離れた、ベネズエラの奥地にある、高さ一〇〇〇メートル以上の切り立った絶壁に囲まれた台地。そんな人を寄せつけないところに、巨大縦穴があるなどとだれが想像するだろうか。

その縦穴は、たまたま上空を飛行したセスナのパイロットによって発見された。私は外国の新聞記事からサリサリニャーマの縦穴のことを知ると、すぐにその失われた世界を探検することにした。

今だから言えるが、かなり危険なテレビドキュメンタリーだった。企画した私自身が三五〇メートルの断崖絶壁をロープ一本で下って、ドキュメンタリーを作ったのだ。

私は登山家でもないし、ましてや冒険家でもない。そのころ、私は四〇歳まぢかで、生活はまったく普通のサラリーマンと変わりはなかった。山に登ることはおろか、高いところといえば、せいぜい子どものころに柿の木に登った経験しかない。体力だって、もちろん普通。

上空から深さ350mの巨大縦穴を望む

そんな男がプロの登山家でも辟易する断崖をロープ一本でこれから下っていこうとしているのだ。こんな危険きわまりないことはないかもしれない。

われわれの番組から二五年もたってから、NHKがギアナ高地の縦穴のドキュメンタリーを美しい映像で定評のあるハイビジョンカメラで撮った。そのときは穴の底にはヘリコプターで降りている。あまりにも危険なので、そうする以外には方法がなかったようだ。

恐怖とは真逆の世界にいた私

ゴツン、ゴツン！　音とともに地面が激しくゆれる。案内人であるイギリスのベテラン登山家デビット・ノットとベネズエラの探検家チャルレス・ブルーワーが私たちの立っている縦穴のふちに、乱暴なことにシャベルで穴をあけはじめたのだ。

じつは、私たちが立っているところは、崖にしがみついている細い木々の根に、時間をかけて土が堆積したもので、正確にいうと地面ではない。木々の上に堆積した土が縦穴の上にせり出してできた、いわばハングオーバー（せり出し部分）。その上にいる私たちは空中に立っていることになる。下りていくためには、まず地面に穴をあけなければならない。

「おれが下りたら次はチャルレス、そのあとがジュンの番だ」

穴をあけると、デビットがそう言った。その穴から、下の崖へ一人ずつ順番に下りていくのだ。

まるで夢のような世界だった。小さな穴から、眼下三五〇メートルに広がる縦穴の底が見えた。

私は体にハーネスと呼ばれるベルトをつけている。下りるときはこのベルトについているカラビナという０字型の金具にロープを通す。ロープの端は崖の上の木の幹にしっかりと固定してある。この木も根の上に土が堆積した地面に立っている。スポンと木が抜けたら一巻の終わりだ。その木の幹にもう一本のロープを結び、ハーネスに通す。これが命綱だ。

「レッツゴー！」

二人が順番に下りていったあと、私の番がやってきた。このとき、あなたが私と同じように崖を下っていかなければならないとしたら、何を感じるだろうか。

間違いなく恐怖だろう。縦穴の底へ落ちていくかもしれない恐怖。それは情け容赦のない死への恐怖でもあるだろう。恐怖で、頭の中も真っ白になるかもしれない。

が、そのときの私は恐怖とは真逆の世界にいた。感動していたのだ。恐怖なんか、ひとかけらもなかった。むしろだれも体験したことのないこの状況の中にいることが無上の喜びだった。

怪鳥の歓迎

ロープをつかんで狭い穴を抜けると、視界がパッと広がる。すべてが目に飛び込んできた。垂直に立ち上がった三五〇メートルの一枚岩がはるか下まで続いている。その硬い岩肌に太陽の光がカーッと照りつけている。穴底のジャングルのグリーンが宝石のようにキラキラと輝いていた。

ズズーッ、ズズーッ！　右手でつかんでいるロープを少しずつ緩めていく。カラビナを通したロープがこすれて音を立てる。私の体も下へおりていく。そして、気がつくと、完全なる無音の世界。シーンという空気が動き回る音しか聞こえない。なんと素晴らしい瞬間だろう！　私は感動のあまり下りるのを忘れたほどだった。

「ギャアッ、ギャアッ！」

突然、奇怪な鳴き声が響く。見ると、体長が数メートルはあると思われる、得体の知れない黒鳥が眼下を飛び回っていた。その恐ろしげな鳴き声さえ、私には歓迎の呼び声に聞こえた。喜びで私の胸は高鳴っていた。ああ、なんて美しいのだ！

再び下りはじめた。一〇〇メートル以上は下りたろうか、デビットとチャルレスの二人が壁にへばりついて私の到着を待っていた。そこが第一中継地点である。そこには人間一人がやっと立つことができるほどの張り出しがある。その張り出しは岩のくぼみに自生している細い木の上にやはり土が堆積してできたもので、畳の四分の一ほどのスペースしかない。私はその張り出しに足を載せた。

張り出しの上に立つと、ぐらぐらとゆれた。しかも、それは穴底へ向かって傾いているので、壁にしがみつかないと落ちてしまう。

その張り出しで私を待ち構えていた先発のデビットが、私の体から降下用のロープと命綱をはずすと、自分のハーネスにつけてスルスルと下へおりていった。後に残った私はこの危険な張り出し以外、体を支えるものは何もない。岩に張りついて、下りる順番を待つ他はないのだ。

普通の神経の持ち主だったら、ここにいるだけでも恐怖で気が変になってしまうだろう。そのままフラフラと自分から落ちていってしまうかもしれない。私はすぐに上に向かってありったけの大声で叫んだ。

「オーイ、Y隊員は降下を中止しろ！」

じつはこのあと、もう一人、日本人のYさんという植物学者がこの崖を下りてくる計画になっていた。彼に穴底のジャングルで新種の植物を発見してもらうためだ。これができていたら、私たちの番組は世界的なスクープになっていただろう。しかし、人の命には代えられない。

このときは、大学の先生にベネズエラまでわざわざ同行してもらって、本当に申し訳ないと思った。

そのとき、チャルレスのうめくような声が近くから聞こえてきた。

「ジュン！　君はそうやって、ちゃんと立っていられるからまだいいよ。おれなんか、さっきからつま先だけで立っているんだ。足がしびれて、あと何分もつか、わからないよ」

私のすぐ右上でチャルレスが垂直な壁にできた、ほんの数センチのくぼみに両足をかけ、両手で抱きつくように必死に岩にしがみついていた。そうやって、彼は次に下りる順番を待っていたのだ。

下を見ると、穴底に吸い込まれていく感じがする。目的の地点はまだ数百メートル下にあるのだ。

恐れにはいろいろな種類がある

長々と、ベネズエラの奥地にある巨大縦穴を下りたときの話をここまで記してきたのは、私には恐怖という感情がまったくないことを知っていただくためだ。怖いということを本当に知らないのだ。決して、私の冒険談をひけらかすためではない。私の中では、すべての恐れが消えているのだ。

恐れにはいろいろな種類がある。女性であれば、自分の美しさが衰えていくのも恐怖だ。

恋人が去っていくのも、大切なわが子が誘拐されたらと思うのも恐ろしいだろう。男性であれば、自分の会社が倒産するかもしれない恐怖がある。リストラで職を失うのも怖い。お金がなくなってしまうのも恐怖だ。

話すのが苦手な人は、大勢の人の前でスピーチを求められれば緊張が恐れになる。ガンのような難病を宣告されたときも、恐ろしくて眠れなくなってしまうだろう。最大の恐れは死ぬことかもしれない。

それだけではない。今、世界を襲うかもしれない恐怖で最大級のものは、なんといっても自然災害だ。おそらく遠くない将来、地震、噴火、津波などで、地球上の地形が大きく変わってしまう可能性すらある。日本では、近いうちに関東地方で未曾有の巨大地震が起こることがすでに予測されている。

一方、理由がよくわからないけれど、毎日が不安だという人もいるだろう。将来のことを考えると、心配でしょうがないという人もたくさんいるに違いない。それらも同じようなものだ。

いずれにせよ、私は何が起ころうと怖くない。不謹慎に思われるかもしれないが、それを楽しむことさえできる。本書を読んでいただければ、そのことがもっとよくわかっていただけるだろう。そして、あなたの恐怖や不安や心配がなんであれ、私と同じようにすべて消すことができるのだ。

あなたに私の謎が解けるか

どうしたら、そうなれるのか？

本書で、私は全身全霊を込めて、その問いに答えている。私そのものが答えなのだ。私の生き様の中から、すべての恐れを消す具体的な方法を見つけていただけると信じている。本書でいう「ヤオイズム」とは、そのことである。

ただし、油断をしてはいけない。本書の内容は決して難しいものではないが、軽く読み飛ばしてしまうと、その答えを見失ってしまうかもしれない。

この本はノンフィクションで、小説ではないが、一種の推理小説、つまり謎解きをテーマにした本だと思って読んでいただきたい。

「私の中からどうして、あらゆる恐れが消えてしまったのか」

あなたが探すのは、実際に私の人生で起きた、この謎の答えなのだ。

その答えが本書のどこかに書いてある。その答えをあなたが見つけることができたら、あなたの中からもすべての恐れが消えていくことだろう。

本書は言葉でつづってあるが理屈ではない。すべての恐怖が消えた世界が、いかに素晴らしいかを体験してもらいたいだけなのだ。私の人生は一瞬一瞬が喜びで、感動で、ワクワク感なのである。しかも、その一瞬の中に秘められているパワーに気づけば、私に起こったことがあなたにも起きると言いたいのだ。

その答えさえ見つけてしまえば、あとは簡単。あなたはあなたの流れにただ身を任せれば、すべてはうまくいく。努力をしたり、我慢をしたり、自己を犠牲にするのは逆効果だ。

何もしなくていい！　本当に何もしなくていいのだ！

長い間、秘密にしていたが、じつはこの縦穴を降下する際、私は死の危険に見舞われた。

私は崖を下りるときに撮影用の8ミリカメラとテープレコーダーを、それぞれヒモで首からぶら下げていた。そのうちのテープレコーダーの丈夫なヒモが途中で木の枝に引っかかり、降下する私の首をグッと締めつけてきたのだ。左手はロープ、右手はカメラを握っているので、手を離すことができない。そのまま下りていったら、さらに強く締めつけられ、首つり状態になってしまう。

かといって、登ることもできない。首が強く締めつけられて、息もできず、動こうにも動けないのだ。そのとき、もし抵抗してもがいていたら、私はきっと命を失っていただろう。私は何もしなかった。そのままロープを握っている手を緩めて、自分の体重でそのまま静かに崖を下りていった。力を抜いて、すべてを流れに任せることにしたのだ。

常識的に考えたら、一種の自殺行為かもしれない。しかし、不思議なことが起きた。ヒモが強く首を締めつけてくるかと思ったら、逆に急に緩んで首が自由になったのだ。丈夫で簡単には切れそうにないヒモが、なぜか切れてしまったのだ。しかも、テープレコーダーは下に落ちていかず、もう一つのカメラのヒモに挟まって、破損しないですんだのだった。

私はこれまでの人生で何度も死にかけた経験があるが、そのたびに力を抜いて、すべてを流れに任せて生きてきた。すると、なぜか物事はうまく進み、私は窮地から逃れることができた。

なぜ、そんな幸運を手にすることができるのか。言うまでもなく、私は何も怖くないからだ。だからといって、誤解をしてはいけない。私は怖いもの知らずの無鉄砲な人間ではない。強い人間でもない。このあと述べるが、生まれつき怖がりで、虚弱な人間である。自分ほどの怖がりは他にはいないと思っていた。その私がある日を境にして、まったく違う人間に変わってしまった。すべての恐れが消えてしまったのだ。

たぶん、あなたは私のことを知っていると思っているだろう。それはおそらく錯覚である。何度もテレビで私のことを見て、知った気になっているだけなのだ。素顔の私をあなたは知らない。本書で、あなたは本当の矢追純一に出会うことになる。そのときのあなたの驚いた顔が見えるようだ。

第二章　あなたは本当に生きているか

荒野に出現した未来都市「新京」

私は、一九三五年七月一七日、満州国・新京で生まれた。満州国とは日本が満州事変（一九三一年）で占領した現在の中国の東北部（黒竜江省・吉林省・遼寧省・モンゴル自治区北東部）、そこに作られた、大日本帝国の傀儡《かいらい》国家のことである。その首都だった新京は、現在の吉林省・長春になる。もちろん、第二次世界大戦が終結する前の話だ。

私の父は名古屋大学の建築科を主席に次ぐ成績で卒業後、満州に渡り、建設省で満州国の建設にかかわっていた。母は東京・九段にあった、かつては乃木将軍も訪れるような大きな書店の娘だった。名門の出のお嬢さんである。

二人はファッション雑誌からそのまま抜け出してきたような、洗練されたモダンボーイ、モダンガールで、共通する趣味もテニスと乗馬という、当時の時代の先端を走っているような人たちだった。二人がどこで知り合ったかは知らないが、やがて彼らは恋に落ちることになる。そして、母は満州まで父を追いかけて行き、そこで結婚したのだ。

満州はだだっ広いだけが取り柄の荒野だった。大日本帝国はそんな何もない荒れ地にありったけの資材と人材を投入して、理想の未来都市・新京を建設しようとした。そこは、中国から東南アジアにまたがる、広大な共存共栄の新秩序「大東亜共栄圏」の首都として選ばれた。父は新京に新しい建築の可能性を見いだして、満州へ渡った。

最初のころ、父と母はすべての日本人がそうであったように、建築ブームで沸く満州の原野に掘っ建て小屋を建てて暮らしていた。ときどき馬賊が襲ってくると、二人は得意の馬術で一目散に逃げたという。馬賊とは、馬を駆って襲ってくる恐ろしい盗賊たちのことだ。そこはまるで西部劇そのものの世界だったようだ。

しかし、新京が完成すると、世界は一変した。父といっしょに暮らしていた人たちの中に、のちの満鉄の総裁や満州銀行の頭取がいた。父も建設省の重要なポストについた。父が亡くなったときには、満州国に多大な貢献をしたということで、準国葬扱いの立派な葬儀が執り行なわれたらしい。

ただし、これらはすべて私のおぼろげな記憶の中から出てきた話である。これから話すことについても間違いがあったらお許しいただきたい。もとより正確な歴史を書くことが本書の目的ではない。

それでも当時の新京の壮麗さが比類のないものだったのは間違いないだろう。どの建物もできたての真新しいものばかり。みなピカピカと輝いていた。幅六〇メートルもある広い道路には緑の街路樹が整然と立ち並び、巨大な公園があちらこちらにあった。電線や電柱はどこにも見当たらない。全部、地下に埋め込んであるのだ。当時は東京・銀座のメインストリートでさえ、電柱や電線がやたら目立った時代だ。しかし、新京のデパートにはすでに立派なエレベーターがあり、それに乗って、見晴らしのいい階上の豪華なレストランで食事をするのが子どもたちの夢だった。

父の手がけた建築で私が特に覚えているのは、満州国皇帝溥儀《ふぎ》の仮宮殿である。仮宮殿といっても信じられないほど巨大で、立派な建物だった。現在も中国には父が建築した建物がたくさん残っている。

新京の満鉄中央駅から疾走していく鮮やかな青色の流線型超特急「あじあ号」は、私の目にはＳＦ小説に出てくる未来の乗り物に見えた。新京の建設と同時に、満州の鉄道網も世界最新の技術で設計されていたのだ。あじあ号はかっこうがいいだけでなく、時速一三〇キロという、当時としては世界最高水準の速さを誇っていた。じつは、日本はいまだに狭軌の線路がほとんどだ。満鉄は最初から標準軌（広軌）を採用していたので、車体も大きく、スピードも出すことができた。

私は父といっしょにあじあ号の後部にある、ガラス張りの展望室に特別に乗せてもらって、ハルピンまで旅行をしたことがある。大人たちは景色をゆったりと見ながら、立派なソファで優雅に音楽を聴き、コーヒーやお酒を飲んでいた。

対人恐怖症の虚弱児

新京で私が生まれた四年後に上の妹が、その二年後に下の妹が生まれた。私たち家族五人は、日本人の居住区である新京の特別市で暮らしていた。家は父が自ら設計したもので、地上二階、地下一階の鉄筋コンクリートの大きな白亜の洋館で、当時としては珍しい全室冷暖房完備だった。地下にボイラー室があり、二人のボイラーマンが住み込みで二四時間石炭をたいて、温度を調整していた。冬は高熱の蒸気で部屋を暖め、夏はその蒸気で熱を吸収する仕組み（吸収式冷却方式）だった。

ボイラーマンの他にも、お手伝いさんが二人、父の専属の運転手が一人いた。みな中国人で、日本語がうまかった。新京では日本人の居住区に限らず、中国人はほとんどが日本語を話していた。

私の記憶では、母親はほとんど家にいなかった。家のことはすべてお手伝いさんに任せて、自分は外で遊び回っていた。のちにタンゴの女王と呼ばれた藤沢蘭子さんなどの芸能人たちと仲がよく、たまに家にも連れてくることがあった。蘭子さんは当時、満州で活躍した歌手で、戦後の日本でもラジオからよく彼女の歌声が聞こえた。

母はよく飛行機に乗って日本へ帰り、友達と銀座で豪遊し、ブランドものを買い占めて満州に戻ってくるような生活をしていた。性格もかなり大胆で、日本で遊ぶお金がなくなると父に電報を打ち、送金してもらってまた遊ぶという人だった。

考えてもいただきたい。時代は戦前である。民間の飛行機会社などあるわけがない。だれもが船を利用していた。そんなときに、母がしょっちゅう日本と満州を飛行機で行き来していたのを私はハッキリと覚えている。おそらく父のコネで軍用機を使っていたのだと思う。

本当にすごい人である。

母については、驚かされることばかりだ。若く、きれいに見えるので、いつも年齢を何歳か偽っていた。自分では何もしなかったが、じつは器用でなんでもできた。料理の腕は一流。着物を一晩で縫ってしまうほど裁縫もうまかった。三味線もできたし、踊りもできた。才能があり余っているのだ。

そんなユニークな母だが、子どもを育てることに関してはいたって厳しかった。私が好き嫌いを言うと、無理やり口をこじ開けて食べ物を押し込み、飲み込むまで許してくれなかった。私を甘やかすようなことはいっさいなかった。

一方、父は頭の切れる人だったが、私を溺愛し、とことん甘やかした。三〇歳を過ぎてから初めて男の子に恵まれたので、大切にしすぎたのかもしれない。父は私を叱ることはいっさいなかったし、いつも私の健康を気にしていた。私が水を飲むときでさえ、その水の量をいちいち量った。私が水を飲みすぎて、おなかを壊さないよう注意したのだ。

つまり、鬼と思えるほど厳しい母は留守が多く、極端に優しい父とお手伝いさんに囲まれて、私は何不自由なく育ったのである。おかげで、私はどうなったかというと、何から何までひ弱な人間になってしまった。ちょっとしたことですぐに体調を壊し、一年の半分近くは病院にいた。典型的な虚弱児である。

しかも精神は体以上に弱く、すべてにおびえていた。恐ろしくて人に会うこともできない。だれかが家に来ると、すぐに隠れてしまう。家族以外にまともに接することができたのは、住み込みの優しいお手伝いさんたちだけであった。一種の対人恐怖症だったのだろう。

当然、学校へも行けない。学校の教室で他の子どもたちに囲まれると、いじめられたわけでもないのに泣き出してしまう。間違いなく、先生も同級生たちも私には手を焼いたに違いない。

だからといって、厳しい母が学校へ行かないことを許すわけはなかった。朝、父が私を気づかって、車で学校へ送っていこうとすると、母はそれを制して、「一人で行くんですよ」と私を家から追い出した。

それで私はどうしていたかというと、学校へ行くふりをしていた。学校へ行くかのように家の玄関を出ていく。もちろん、母が後ろで私がちゃんと行くかどうかを見張っている。

幸い、当時の家はデカく、玄関から門までがかなり遠かったので、私はトボトボと門まで歩いていくと、母に見つからないように物陰に隠れた。それからそっと家に戻って、押し入れに隠れていたのだ。母もすぐに出かけてしまうので、私は見つかることはなかった。優しいお手伝いさんたちはその秘密を内緒にしてくれた。

したがって、私は小学校へ行った記憶がほとんどない。このあと触れることになるが、私の人生ではまともに学校へ通ったのは中学校ぐらいのものなのだ。でも、成績はつねに一位もしくは上位だった。高校にも大学にも入ったが、アルバイトや遊ぶことに忙しくて、ほとんど通っていない。

だからといって、のちに困ったことは一度もない。むしろ学校へほとんど行っていなかったことは運が良かったのだと、今でも思っている。

話を続けよう。幼少時、私は今でいう「引きこもり」だった。人から隠れて暮らしていた。小さな世界にずっと閉じこもっていたので、じつは当時の記憶もあいまいだ。ぼんやりとしていて、あまり覚えていない。

私の記憶がしっかりとしてくるのは、このあとからだ。なぜなら、その日すべてが変わってしまったからだ。突然、夢から覚めたように、まわりの景色がくっきりと見えてきた。それは、一九四五年八月一五日のことだった。

崩壊は突然に始まる

まず、父が突然他界した。私が九歳になったとき、父は発疹チフスで急死したのだ。日本から父の見舞いにきた叔父が、日本に帰国したと同時に父の死亡通知を受け取ったという。本当にあっというまに死んでしまったようだ。すでに記したように、このときの父の葬儀は準国葬級の大変に立派な葬儀だったらしいが、私は列席した記憶がない。

ただし、父の死後も私の性格や生き方が変わることはなかった。あいかわらず、引きこもりのままだった。母も妹たちも同じ生活をそのまま満州で続けた。父が亡くなったとはいえ、父の名声や財産は残っていたし、なんといっても父の作った豪邸があった。たくさんの使用人たちもそこにはいた。おそらく母親の派手な遊びも続いていたのではないかと思う。

もちろん、帰国という選択もあった。だが、母は豊かな暮らしを捨ててまで、すぐに日本へ帰ろうとは思わなかったのだろう。日本は英米を中心とした連合国との戦争に突入していて、すでに危うい状況になってはいたが、なんといっても満州国は大きな国である。

その巨大な国が一晩で消えてしまうとはだれも想像したことがなかったのだ。それにもかかわらず、現実にその日を迎えてしまった。

一九四五年八月一五日。ラジオの前に大勢の人たちが集まっていた。ラジオから聞こえてくる声はキンキンとしていて、何を言っているのかよくわからない。しかし、それを聴く人たちはみな泣いていた。日本は連合国との戦争に負けたのだ。天皇陛下の終戦の宣言だった。いわゆる「玉音放送」である。父が死んだ翌年の、私が一〇歳になって間もないころのことだった。

ラジオ放送があった翌朝、私たちが目覚めると、枕元には中国人の使用人たちがズラリと並んでいた。

「満州国はもうない。ここはわれわれの国だ。すぐにここから出て行け！」

昨日までニコニコと私たちに接していた使用人たちが、厳しい目つきと言葉でそう言った。私たち家族は、父の建てた家から追い出されたのである。

獣のオリに投げ込まれたウサギ

突然、すべてが逆転し、情け容赦のない荒々しさがやってきた。

気がつけば、夫を失ったばかりのまだ若い主婦が、幼い二人の娘と引きこもりの意気地のない少年を抱えて、憎しみと暴力が渦巻く中国の街角に放り出されたのだ。獰猛《どうもう》な獣のオリの中に投げ込まれたウサギたちのように。

私たち家族が家から追い出された日、すべての常識が吹き飛んだ。殺人は当たり前で、強盗、強姦、強奪、なんでもありのメチャクチャな日常が日の前で展開されることになった。

満州国が崩壊して真っ先に入ってきたのは、恐ろしい面構えと獰猛な体躯をした怪物たちだった。その群れの一つは、星条旗を掲げたアメリカの海兵隊員たち。彼らは戦地へ真っ先に送られる部隊である。つねに死の危険と隣り合わせている彼らは、命知らずの荒くれ男たちの集まりだった。そうした恐ろしい男たちがいきなり入ってきて、日本軍の残党を捜して、街で暴れはじめたのだ。

そこへさらに輪をかけたような恐ろしい怪物たちが入ってきた。ソ連の最前線の兵隊たちだ。日本の敗戦が濃厚になると、ソ連軍は日ソ不可侵条約を破って、怒濤のように満州になだれ込んできた。彼らの残虐さは空前絶後だ。女を見つけるとただちに強姦し、逆らう者は殺された。あとで知ったが、ソ連軍の最前線の兵はほとんどがシベリア送りにされた重犯罪人ばかりだった。いつ死刑になるかわからない身の上の彼らは、ソ連軍の最前線部隊の「弾よけ」で、殺人も自らの死をもいとわない男たちだった。みな坊主頭で、入れ墨だらけ。カーキ色の丈の長いオーバーを着て、肩から恐ろしい自動小銃をさげていた。獲物を捜しながら、彼らも突然私たちの街に侵入してきた。

そこには、もちろん中国人たちもいた。彼らは昨日まで私たち日本人といっしょに生活していた人々だ。見た日はそれほど恐ろしくはない。しかし、長年大日本帝国に搾取されてきた恨みは強烈で、じつはいちばん手強く、いちばん恐ろしい存在だった。

すでに中国人の間には日本人への不満が鬱積していた。中国の一般の人たちは貧しく、粗末な環境で暮らしていた。そこへ日本人たちが勝手に移り住んできて、いい生活をしていたのだから、彼らの憎しみがいつ爆発してもおかしくはなかった。

暴力と増悪と嫉妬が混ざり合い、溶け合い、化学反応を起こし、とんでもない地獄を形成した。日本人だとわかると、持っているものは全部奪われた。女は犯された。殺されるのも当たり前。命だけでも残されたら運がいいと思わなければならなかった。

街中のいたるところで人が殺された。殺人が日常茶飯事になってしまった。一瞬一瞬が、生きるか死ぬかの選択の連続となった。

国がなくなってしまうとはこういうことだ。警察もなければ、法律もない。いくら悪いことをしてもだれも裁かれることはない。もうメチャクチャである。本来なら敵対関係にないはずのアメリカ兵とソ連兵同士でさえ、ささいなきっかけで殺し合うのだ。あるとき、酔っぱらったソ連兵がマンホールに落ちて騒いでいた。それを見つけたアメリカ兵が「うるせえ野郎だ」と言って、マンホールの上からピストルで撃ち殺してしまうのを目撃したことがある。

酒を飲んで酔っぱらったアメリカ兵が歩いてくる。その向こうからソ連兵がウオッカを飲みながらやはり酔って歩いてくる。彼らが歩いているのは、普通の街中の通りだ。一般の人たちも歩いている。ところが、アメリカ兵とソ連兵の目が合った瞬間、どちらからともなく、「あの野郎！」「ヤッちまえ！」となって、「パンパン」と銃の撃ち合いが始まる。

それを多くの人が「オオッ！」と見ていると、その中の何人かがガクッと道端に倒れていく。流れ弾に当たって死んでいるのだ。

家の中でも気を抜くことはできない。油断をしていると、食事中でも流れ弾が入ってきて、死ぬことがあった。そこで窓にはすべてミカン箱の板が打ちつけられ、日中でも室内が薄暗かった。

振り返ってみると、新京のわが家を追い出された日、私は一〇歳になったばかりだった。妹たちは六歳と四歳で、引きこもりの私から見ても無力で痛々しかった。この無法の街で、私たちはこれからどうなってしまうのか。

私は今思い出しても不思議でならない。そのとき、母がいきなり豹変したのだ。その変貌はあまりにも鮮やかで、信じがたいものだった。

昨日まで有閑マダムにすぎなかった母が、猛然と私たちに生き抜くことを迫ったのだ。

「もうあなたたちの面倒を見ることはできません」

「今まではお坊ちゃん、お嬢ちゃんだったかもしれません。だけど、あなたたちは今日から一文無しで、食べるものもないし、住むところもないのよ。私も同じ一文無し。もうあなたたちの面倒を見ることはできません。いいですか、これからは自分の面倒は自分で見るのですよ！」

なんと母は幼い私たちに向かって、すべてのプライドを捨てて自立することをいきなり宣言したのである。もちろん、その意味が私たちにわかるわけがなかった。ただボーッとして、母の言うことを聞いているだけだった。

母はその日のうちに、私たち家族の住む部屋を借りてきた。そこは中国人が占領してしまった二階建てのアパートの一室だった。どこからそんな力が湧いてくるのかわからなかったが、母親の行動は素早く、しかもしたたかだった。

その翌日だった。母親の、壮絶な決意の意味が私にやっとわかってきたのは。

「さぁ、これを売ってきなさい！」

母は私の日の前に着物を置いて、そう言った。母は贅沢をしていたので、高価な着物や毛皮のコートをたくさん持っていた。それらを家から追い出されたときに持ち出したのだ。

かつて私たちが住んでいた家にはお金がいっぱいあったが、そんなものはもはやなんの役にも立たなかった。満州国がなくなってしまったので、満州国の紙幣はすべて紙くずになってしまったのだ。いざとなったら、価値のない紙幣ほど困るものはないだろう。食べることもできない。小さくて、鼻紙にもならない。すぐに燃えつきてしまうので、たき火の材料にもならないのだ。

私たちがこれから生き抜いていくために、新たに手に入れなければならないのは、中国人たちのお金やアメリカドル、それにソ連兵の軍票だった。軍票とは、軍が発行するお金である。母は私に着物を売って、それらを稼いでこいと命令するのだった。

「売るって、どこで？」

「自分で考えなさい！」

母はそう言うと、私に着物を持たせて有無を言わせずに外へ放り出した。

街角には多くの人通りがあった。しかし、歩いているのは恐ろしそうな男たちばかりだった。体の大きなアメリカの海兵隊員やソ連兵、それに目をぎらつかせた中国人だ。

彼らは下を向いて立ちつくす私をにらみつけながら歩いていく。母親はあんな男たちに着物を売れというのだろうか。どう考えてもできるわけがないではないか。

だいいち、言葉がわからない。日本語で声をかけるわけにもいかない。日本人だとわかれば、何をされるかわからないからだ。実際、日本人が街でウロウロしていれば、すぐに襲われてしまうような状況だった。しかし、母は私がいくら泣いても部屋に入れてくれなかった。売ってお金を持ち帰らなければ、勘弁してくれないのだ。どんな抗弁も言い訳も、このときの母には無駄だった。

無茶苦茶としかいいようがないが、もはや「やる」しかなかった。もう以前の怖がりで泣き虫の自分でいることは許されなかった。母は渾身のエネルギーを込めて「生きるか死ぬか」を私に迫っていたのだ。その迫力に気圧されて、私も決意せざるを得なかった。幼いながらに私は生まれて初めて自分で生きることを学んだのである。

このときの母は単なる鬼ではない。鬼以上の迫力を持った鬼神だった。そして、私は変わらないわけにはいかなかった。見よう見まねで覚えた片言の中国語、ロシア語を使って、なんとかして母から渡されたものを売る努力を始めた。

不思議なのは、やってみるとできたことだ。売れないと思っていたようなものでも、売ることができた。日本人にとっては珍しくないものでも、外国人には貴重なものがけっこうあるのだ。富士山や京都の舞妓さんが写っている使い古しの絵はがきでも、ソ連兵は「ハラショー！（素晴らしい）」と言って、喜んで買っていく。カラー写真を初めて見た彼らには、祖父が描いてくれた、もはやハガキとしては役に立たない絵ハガキでも、宝石のように輝いて見えたのだろう。

そして気がつくと、私は違う世界に生きていた。昨日までの世界はどこへ行ってしまったのか。私の中から恐れが消えていた。

戦後の満州から引き揚げてきた人たちの体験談を読むと、その悲惨さと慟哭《どうこく》に満ちた世界観に圧倒されるだろう。だが、私がこれから話すことはまったく違う。

恐れが消えた私にとって、すべてはエキサイティングで、色彩にあふれたリアルな世界、興奮と感動と好奇心とがいっしょくたになった、とてつもなく面白い世界だったのだ。

生き抜くための算段

じつは、すべての人は違う現実、違う世界に生きている。もっとわかりやすくいえば、みんな自分の妄想の中に生きていて、それに気がついていないだけなのだ。したがって、これから展開するのはすべて私の世界、私の妄想であることをお断わりしておく。

かつては中国人の上に立っていた日本人は、もはや追われる身だった。一刻も早く中国から出て行かなければならない。しかし、すべてが崩壊した満州から、一文無しになった私たちがどうやって日本へ戻ったらいいのかわかるわけはなかった。明日の命さえ、どうなるかわからないのだ。

その当てのない脱出劇は、私が一〇歳から一二歳になるまで続いた。その間、私たちはアパートを転々としながら、いろいろな商売をして中国で生計を立てた。

先に記したようにそれがつらいものだったと私は少しも思っていない。むしろ、逆である。私にとってはすべてが新鮮で、生命の躍動に満ちた瞬間の連続だった。

その驚くべき世界では、私の母は間違いなくヒーローだった。スーパーウーマンだった。こんなにも恐ろしくて、美しくて賢く、しかもタフな女性を私は一度も見たことがなかった。

日本が戦争に負けて、多くの人たちが不安と恐怖の中で呆然としているときに、母は即座に変身して、私たちが生き抜くための算段を瞬時に行なった。かつては奥様だった人がすべてのプライドをかなぐり捨てて、お金を得るために考えられるすべてのことを行なった。

母は売るものには困らなかった。プライドを捨て切れない人たちが同じ日本人である母に「これを売ってください」と頼みに来るからだ。彼らは自分の家からせっかく貴重品を持ち出しても、それをお金に換えることができなかったのだ。

身を売るしかないと諦めてしまう日本女性がたくさんいた中で、母にはいくらでも余裕があった。ある意味、水を得た魚のように生き生きとしていた。

もちろん、厳しさも格別だ。こうも自分の子どもに厳しくなることができるのか。そう人に思わせるほど過酷なしつけだった。母は私と同じように妹たちにも、ものを売らせてお金を稼がせた。六歳と四歳の妹たちはわけもわからず、母に言われるままに通りでものを売っていた。

母は売れるものがあれば、私たちになんでも売らせた。夜、私たちは母親がどこかで手に入れたタバコの葉っぱを小さな道具で紙に巻き、それを箱に詰めた。その箱を四歳の妹が首から下げて、タバコを一本ずつ売っていた。

しかし、これほど危険なこともあるまい。ある日、四歳の妹が物売りをしているときに、中国人に連れ去られてしまったことがある。いくらがんばっても幼児は幼児である。ちょっとしたすきを見せた瞬間に、背中から抱えられて連れ去られてしまった。私たちはあとを追いかけたが、素早い犯人を子どもの足で追うには限界があった。

中国では子どもが売り買いされていた。そのままであれば、妹はどこかに売られていただろう。あるいは、殺されていたかもしれない。

信じがたい話だが、その行方の知れない妹をなんと母親は捜し出したのだ。しかも、悪漢たちの巣窟へ自ら乗り込んで行って、監禁されていた妹を救い出してきたのである。おそらく金で話をつけたに違いない。監禁されていた妹は体中ノミだらけになりながらも、無事に帰ってきた。その救出劇は、まるで暗黒街の顔役のような手際の良さだった。

天才的な商才

あるとき、こんなこともあった。部屋に戻ってきて洗面所に入ると、いきなり目の前に血だらけの得体の知れない物体がぶら下がっていた。私は驚いて、声も出なかった。すると、後ろから母の声が聞こえた。

「牛を半分買ってきたのよ」

母が言うには、道端で牛が流れ弾に当たって死んだのを見て、その牛を半分引き取ったらしい。半分とはいえ、大きな牛を女性一人で解体したのだ。もちろん、母に牛を切り分ける技術などあるわけがない。

その気になれば人はなんでもできることを母は私に見せてくれたのだ。母はその大きな肉のかたまりを吊るし切りにして、近所の人に売っていた。

母の商売のカンは天才的だった。当時は中国人、ソ連人、アメリカ人、それに私たち日本人がそれぞれの国のお金を遣っていた。そのお金のレートが日によって変わる。母はそこに目をつけると、さまざまなお金を動かして為替による差益でもうけるという、高度なテクニックまで駆使した。

当時、餓死する日本人がたくさんいた。しかし、私たち家族は毎日白いご飯を食べていた。まわりではみんなが飢えていたのに、私には空腹だったという記憶がない。母のおかげで、お金に困るどころか、お金が余っていたのだ。気がついたら、当時の状況ではかなり贅沢をしていた。なんと二年後に私たちが日本へ帰るときには、持って行けないたくさんのお金を捨てたほどだった。

そこには、もはや善も悪もなかった。あるのは事実だけ。それをどう見るかは本人次第なのだ。母はそれを私に教えたかったに違いない。

こんなこともあった。「やっとものが売れた！」と喜んで家に帰ろうとしたときだった。中国人の不良グループに取り囲まれて、お金をすべて盗られてしまった。

「取り返してきなさい！」

母はそう言うと、傷だらけになって帰ってきた私をいつものように外へ放り出した。もちろん、逃げていった不良たちを捜し出すことは不可能だ。結局、私も彼らと同じような方法で金を取り返すしかなかった。

そもそも油断をするほうがいけない。少しでもものを持っていると、日本人は軒並み強盗の餌食《えじき》になった。日本女性はみな丸坊主にして、男物の服を着ていた。女性だとわかると、強盗団に犯されてしまうからだ。

私たち一家は家族全員でたくましく商売をしているので、特に目立ち、いつも狙われていた。二年間で七回も強盗に入られたのだ。それでも全員無事だったし、あいかわらずお金に困ることはなかった。

そこには、「情」というめそめそ、ベタベタとした関係はなかった。情でお互いの足を引っ張ることもなく、ただ事実を事実として受け止めていただけだった。

脳が破裂した瞬間の〝感動〟

これから話すことはショッキングなことかもしれないが、判断を加えないで——つまり正しいとか正しくないとか、良いとか良くないとか、あれこれ解釈しないで、そのまま受け止めていただきたい。そうしなければ、あなたの脳がパンクしてしまうかもしれない。

「バーン！」

それは、まるで何かの衝撃でスイカが割れて、あたりに飛び散ったような光景だった。人が撃たれて、目の前で脳みそが破裂したのだ。

「ウワー、すげー、本当にすげー！」

その瞬間を目撃した私は感動していた。それまで押し入れの中で隠れて暮らしていた私にとって、ある意味でそれは生まれて初めて隅田川の花火大会を見たときのような感動といっしょだった。

私はたまたまGPU《ゲーペーウー》がソ連兵を撃ち殺すところを目の前で見てしまったのだ。じつは、無法地帯と化した当時の満州で唯一、〝正義の味方〟がいた。それがソ連のGPUである。

彼らはソ連の秘密警察で、軍隊内で悪事を働くソ連兵を取り締まる、いわば旧日本軍の憲兵のような人たちだった。しかし、そのやり方は荒っぽく、逮捕とか軍法会議とか、手間のかかることはいっさいしない。違反者を見つけるとその場で射殺することを許されていた。

その事件は、ソ連兵たちが日本人の家を襲ったあと、トラックで逃げるときに起こった。私は友達といっしょに広い道路の縁石に腰かけて見物していた。

GPUのサイドカーがサイレンを鳴らしてやってきたのに慌てた強盗たちのトラックが後ろから盗品がどんどん落ちるのもかまわず猛スピードで逃げ出した。あとからサイドカーに乗ったGPUの将校がピストルを連射しながら追跡していく。彼らはあっというまに私たちの視界から消えていった。それはまるでギャング映画をナマで見ているようにエキサイティングな光景だった。

「なんだ。行っちゃった。オモシロかったのに……」などと言っているうちに町内を一周して、再び私たちの目の前の道路に戻ってきた。かと思うと、サイドカーの憲兵将校の弾がタイヤに当たってハンドルを取られたのだろう、私たちの目の前でトラックが横転した。若いソ連兵が血だらけでトラックからはい出してきた。

すると、サイドカーから降りてきたGPUの将校がツカツカと歩いていって、何も言わずに銃でその男の頭を撃ち抜いた。それが私から一〇〜二〇メートル先で起きたのだ。

「ウワー、すげー、本当にすげー!」

ソ連兵の頭がザクロのように割れ、血と脳漿《のうしょう》が飛び出すのが見えた。

「おい! 今の見たか?」

隣に座っていた友達を見ると、なぜか仰向けに寝ている。

「どうした?」

なぜこんなにスゴイ瞬間を見ていないんだ……と残念がって揺り動かそうとしたが、彼はピクリともしない。流れ弾に当たって死んでいたのだ。

私は不思議な気持ちに襲われた。たった今まで隣で話していた人間が、もう死んでいる。この友達と私の距離は三〇センチも違わない。なのに、彼は死んで、私が残った。

このとき、私は悟った。「人はこのように、偶然の成り行きで死ぬんだな」ということ。同時に「人はあっけなく死ぬ」ということを。

そして、これは生きているということに感動した瞬間でもあった。

なんて残酷な！　そんな残虐な光景にどうして心が奪われるのか。おまえは人でなしなのか。そう言われるかもしれない。

しかし当時、私たちが暮らしていたのは、どんな法律も通用しない、自分の力でしか生き残ることができない、残虐さでは地獄以上の世界だった。平和な日常が毎日繰り返される現在の日本ではない。その世界では、どんな悪夢も現実となることをあなたは理解できるだろうか。

「あなたは本当に生きているのか？」

私を非難する人たちに、逆にこう質問したい。「あなたは本当に生きているのか」と。

もちろん、あなたは自分が生きていると思っているに違いない。しかし、私に言わせれば、あなたは漠然と「生きている」と思っているだけだ。本当に生きてはいない。なぜなら、現実を知らないからだ。先入観だけですべてを判断しているからである。

今、私のことを残酷だと思った人たちは、実際に人間の頭が破裂をするのを見て、そう思ったのではないはずだ。それはいけないことだと教えられたので、私のことを間違っている、と判断したのだ。事実を知らないのに、そう判断したのである。そこに気がついてほしい。現実を見ていないのに、どうして生きているといえるだろうか。それは夢を見ているようなものだ。生きていると思っているだけだ。生きていると錯覚しているのだ。

「本当に生きている」のと、「生きていると思っている」のとではまったく違う。何が違うのか。感動が違うのだ。本当に生きていれば、生きているだけで素晴らしいのだ。うれしいのだ。楽しくてしょうがないのだ。

では、「生きていると思っている」あなた、あるいは「生きていると錯覚している」あなたとは、いったいなんなのか。

じつは、頭の中に知識が詰まっているだけだ。その知識が「生きている」と思わせているだけなのだ。知識があなた自身だと思い込ませているのだ。だから、感動がないのである。生きている実感がない。生きていれば、感動がある、実感がある。そこには経験に裏打ちされた事実があるからだ。

家庭や学校で、親や教師からみなさんは多くの知識を得たかもしれない。たくさんの本を読んで、さらにたくさんの知識を蓄《たくわ》えたかもしれない。しかし、知識が増えれば増えるほど、あなたは本当に生きることを忘れてしまう。知識を増やすことが生きることだ、と思い込んでしまうからだ。何かをする前に、知識ですべてを判断してしまう。

これほどつまらないことがあるだろうか。そこには驚きもなければ、ワクワク感もない。

経験と知識を混同してはいけない。生きるとは経験することであって、たんに知識を頭に詰め込むことではないのだ。知識は経験をして、初めて知恵となるのだ。

わかりやすい例で説明しよう。水泳の教科書を一生懸命に読んで、その技術を知識としていくら頭に詰め込んでも、人は泳ぐことはできない。実際に水の中に入って、泳ぐ練習をして初めてできるようになるのだ。

ところが、あなたはあたかもその知識を経験したように錯覚して、泳げると思い込んでいるみたいなものだ。頭の中の知識だけで、水泳を楽しんだと誤解しているのだ。

本当に水の中に入って伸び伸びと泳ぐことの素晴らしさを、リアルな体験として味わったことがない。つまり、現実を知らない。本当は、ただ生きて、空気を吸っているだけでも感動的であることをあなたは知らない。頭の中の妄想の世界で暮らしているだけで、本当に生きてはいないからだ。

幸い、一〇歳になったばかりの私の頭の中には、ほとんど知識がなかった。引きこもりで学校へ行っていなかったし、親からも知識を詰め込むように強制されたことはない。それまで押し入れの中にいたので、いっさいの知識とは無縁だった。

つまり、知識という先入観がまったくなかったので、私にはすべてが新鮮で、生き生きとしていて、どんなことでも楽しむことができた。人の頭が吹き飛ぶ瞬間にさえ、私は生の喜びを感じたのだ。

すべてを捨てて、日本へ

一九四七年一二月、私たち家族は中国の大連の港から、遠州丸という貨物船に乗って日本へ帰ることになった。終戦から二年後のことだ。遠州丸は最後の引き揚げ船で、これに乗ることができなかったら、私たちはそのまま中国に取り残されていただろう。

中国北部の旧満州・新京から南下して、大連にたどり着き、無事に遠州丸に乗船できたのは、すべて母のおかげである。母はいつのまにかソ連の将校ともアメリカ軍の幹部たちともコネを作っていた。そうした情報網とあらゆるコネを使い、さらにたくさんの賄賂《わいろ》をばらまいて、母は私たちをなんとか引き揚げ船に乗せることができた。

遠州丸は最後の引き揚げ船といわれるだけあって、中は三〇〇〇名以上の乗客ですし詰め状態だった。もちろん、定員オーバーである。ここまで人が多くなると、持ち込む荷物が制限されるだけでなく、持って帰るお金の額まで一人一〇〇〇円までと決められていた。もしそれ以上を隠し持っているのがわかったら、その場で船から降ろされてしまうのだ。

「純一、これ余ったから好きなだけ遣っておいで」

船に乗る前日、母は私に大きなミルク缶を渡した。フタを開けてみると、中にはお金がびっしりと詰まっていた。大胆な母は船の決まりを無視して、たくさんのお金や貴金属を持ち帰る荷物の中に隠していたが、それでもまだお金がいっぱい余っていたのだ。

私は妹たちといっしょに大連で思い切り豪遊することにした。まず日ごろ行けないデパートの地下街へ行って、好きなものをたくさん食べようと思った。しかし、子どもが食べられる量など、たかが知れている。私はカツ丼とうどんを食べて、もうおなかがいっぱいになってしまった。妹たちが食べたものはもっと少なかったに違いない。

もちろん、荷物を増やすことができないので、何も買うことができない。いくらお金があっても、結局いっしょだった。

どんなにお金を持っていても人が食べられる量などタカが知れている。毎日一〇万円ずつ食事しても、胃が受け付けず、飽きてしまう。人間、必要なお金はそう多くない。余分に貯め込もうとするから、余計な労力と心配が増える。

で、私たちはどうしたかというと、余ったお金を捨ててきたのだ。

大きなミルク缶にたくさん詰まっていたお金を捨てたときは、正直うれしかった。重い荷物をもうこれ以上持たないですむと思ったからだ。

そのときの私は一二歳の少年にすぎなかったが、じつはもっと大きな荷物もお金といっしょに捨ててしまっていた。

それは執着である。富に対する執着、ものに対する執着、人に対する執着、地位や名誉に対する執着、そうしたものが私の中からすべて消えていた。父親が作りあげた富も財産も、地位や名誉も一夜にして消えた。そういうものの儚《はかな》さを実体験したからだ。命に対する執着さえなくなっていた。毎日、人が死ぬのを当たり前のように見てきたからだろう。

何かにこだわることが、私にはできなくなってしまったのだ。

第三章　ネコは悩まない

恐れとは何か？

いつだったか、テレビで動物たちの思いもかけない行動を見たことがある。

大きなピューマが草原でウサギに遭遇した。ピューマはたぶん腹をすかせていて、獲物を探していたに違いない。ピューマはウサギに気づかれないように忍び寄り、一気に襲いかかった。ウサギはそのままじっとしていたら食われてしまうので、ピューマが襲ってくるや否や、一目散に逃げ出した。ピューマも速いが、ウサギも速い。二匹の動物の追いかけっこがしばらく続くのだが、ある瞬間に意外なことが起こる。追いかけられていたウサギが急に反転をして、追いかけてきたピューマに向かっていったのだ。すると、驚いたピューマが慌て逃げていった。

この展開には、正直驚いた。どうして、こんなことが起こるのか。これは間違いなく、この二匹の動物たちが何も考えていないからだ。

ピューマは腹が減ったので、ウサギを追いかけた。ウサギはつかまってなるかと必死に逃げる。このとき、ウサギはつかまって食われたら痛いだろうな、怖いだろうな、などと考えてはいない。ただ逃げているだけなのだ。ピューマのほうも、つかまえたらどこから食べようか、こいつはうまいだろうな、などとは考えていない。ただつかまえることに一生懸命なだけだ。

このように何も考えないでいるからこそ、ピューマはウサギがいきなり自分のほうに向かってきたのでビックリして反射的に逃げたに違いない。理屈っぽいピューマは自然界には存在しない。ウサギも何も考えないからこそ、急に方向を変えてピューマのほうへ向かっていったのだろう。

そのときウサギには、私たちが考えるところの「恐怖」はなかったはずだ。もし怖がっていたら、足がすくんで逃げることすらできない。反転して、恐ろしいピューマに向かっていくことなど絶対にできない。

そもそも恐れとはなんだろうか。単純に分類するなら、恐れには二種類あるだろう。一つは危機を知らせる恐れ。これは肉体が故障したときなどに生じる痛みのような、一種の危険信号としての役割を持つものだ。

もう一つは、思考が作り出す恐れである。走って逃げ出したウサギには前者があったかもしれないが、後者はなかったということだ。

後者の考えが作り出す恐れは、「不安」と表現してもいいし、「心配」といってもいい。人間が抱く悩みのほとんどがこうした恐れや不安、心配なのだ。もちろん、思考がないところではこれらは存在しない。これは事実だ。

なぜ「四谷怪談」はアメリカ人にはコメディーなのか？

以前、アメリカ人の友人が怖い日本映画が見たいというので、いっしょに「四谷怪談」を見に行ったことがある。そのときは「こいつに『四谷怪談』を見せたのは間違いだった」とつくづく思ったものだ。アメリカ人には「四谷怪談」がまるでコメディーのように見えたに違いない。日本の観客が怖がっているときに、彼がゲラゲラと大声で笑うために、映画の雰囲気が台無しになってしまった。

この映画は歌舞伎の「東海道四谷怪談」が下敷きになっている。女主人公のお岩が夫の伊右衛門に毒を盛られて殺され、恐ろしい形相の幽霊となってたたる話である。

ところが、日本人にはおなじみのヒュードロドローという音がして、柳の下からお化けのお岩が出てくると、アメリカ人が大笑いする。変な化粧の人間が変な衣装としぐさで現れるのが面白くてしょうがないらしい。

この映画には、また戸板返しという有名な仕掛けが使われている。川の上流から戸板が流れてきて、それがひっくり返ると、青い顔で髪を振り乱した死人が縛られている。これを見た日本の観客はキャーキャーと怖がっているのに、アメリカ人はゲラゲラと笑うだけだ。怖がるツボがまったく違うのだ。これらの恐怖は間違いなく思考によって生じるものだからだ。

われわれ日本人がアメリカのドラキュラ映画を見ると面白く感じるのと同じかもしれない。棺の中から起き上がって人の首に噛みつくオバケはあまり怖くない。

思考というと、何かまともなことのように思われるかもしれないので、もっとはっきりと言おう。それは妄想だ。妄想だから、怖がる対象はなんでもいい。「まんじゅうこわい」は落語だが、本当にまんじゅうが怖いと思い込めば、まんじゅうほど怖いものはないかもしれない。これが恐怖の正体なのだ。不安、心配、あるいは悲しみも含めた、すべての悩みの正体である。

一方、危険信号としての恐れを感じ取ったときは、それに対して的確に反応すればいい。そうすれば危機を難なく乗り切ることができる。先述したウサギは妄想としての恐怖がない。つまり何も考えていないので、本能的に危機的状況に反応して、それを乗り切ったのだ。追ってきたピューマに逆に立ち向かっていくという反応がそれだ。こんな奇策は、考えていたら瞬時にはできない。

そもそも何も考えていなければ、はじめから怖いものは存在しない。だから、常識(妄想といってもいい)を超えたカンが働き、危機を回避させるのだ。

妄想から目を覚ませ!

たとえば、あなたがどこかのレストランで、一人で食事をしているとしよう。ウエイターがあなたの料理を運んでくる。目の前に料理が並び、それをスプーンで口に運ぶ。おなかがすいていたあなたは一口二口と料理を口に運び、そのおいしさを味わうに違いない。

しかし、ずっとその味を意識しているわけではない。いつのまにか、意識は他所に行っている。

「今日はこれからどこへ行こうか」

「そうそう、だれかがこんなことを言っていたな」

「昨日はとんでもない失敗をしてしまった。なんとかして、それを挽回しなければ」などなど。

あなたはいつのまにか、レストランにいることを忘れている。

外で通りを歩いているときも、同じようなものだ。あなたの左右を人々が行き交っている。道路ではひっきりなしに車が通り過ぎていく。あなたはそれを本当に見ているだろうか。歩いているあなたの足が地面を踏んだときの圧力を感じ取っているだろうか。呼吸している空気の匂いを嗅いでいるだろうか。

たしかに最初は景色を見たり、歩いている感覚はあるかもしれないが、いつのまにか忘れて、他のことを考えているはずだ。

人と話しているときもそうだ。相手の話をしっかりと聞いていなければならないのに、気がつくと自分のことばかりを考えていることがあるだろう。自分の世界に没頭しすぎてしまうと、目の前にだれかがいることすら忘れてしまう。

こうしてみると、あなたは一日のうちのほとんどを妄想の世界で過ごしている。目、耳、鼻、口、皮膚といった五つの感覚器官を使って、生きているという実感を味わうのはほんのわずかの時間で、ほとんどは脳が作り出す想念の世界、つまり妄想の中で生きているのだ。しかも、そのことにまったく気がついていない。

その妄想の世界に存在するのが、恐れであり、不安であり、心配なのだ。人間の世界の悩みはすべて実在しない妄想であり、その世界から目覚めれば一瞬にして消えてしまう。本当に生きることを決意すれば、喜び以外には見つけられないだろう。

妄想の囚人

人間はいつから妄想の囚人となってしまったのだろうか。ここには間違いなく、カラクリが存在する。

何十億年もの昔、生命体がまだアメーバのような単細胞だったころは、目も耳も鼻も口もなかったので、皮膚の触覚だけでまわりの情報を感じ取っていた。それがやがて魚になり、目や口ができる。陸にはい上がって爬虫類《はちゅうるい》、さらに哺乳類《ほにゅうるい》になると、もっと進化して耳も鼻も発達してくる。

魚や爬虫類のころは、ものを確かめるのに口が重要だった。哺乳類になって、森林や大草原をうろつき回る獣のときには鼻がよく発達した。脳の古い部分（旧皮質）である大脳辺縁系と呼ばれる部位は、かつて「嗅脳」と呼ばれた。ここは本能的行動、情動とともに嗅覚をつかさどるのだ。今でも犬や猫は目で見るよりも鼻からの匂いでものを確かめている。

やがて猿の時代になると、目が発達した。木から木へ飛び移るには距離を測るために性能のいい目が必要になった。そして、人間の時代になると、大脳の新しい部分（新皮質）が異常に発達した。人の脳で大部分を占めるのが新皮質だ。人はここを使って、ものを見て、言語を使い、学習し、判断をするようになった。

では、人間にとって「見る」とは何か。そもそも目から入る情報はすべて反射光の形で入ってくる。目の前にコップがあるとすると、まず太陽や照明器具の光がコップに当たって反射し、その光が目から入って、眼球の奥にある網膜を刺激する。すると、その刺激がごく弱い電流となって神経を伝わって脳へ行くのだ。ただし、その反射光が人間の可視光線の範囲でないと見えない。

重要なのは、この時点ではまだ私たちはコップを見たことにはならないということだ。コップが見えたと感じるには、脳にある記憶の中から、コップに似たものを探し出さなければならない。たくさんの記憶の中から、今見ているもの（コップ）の電気信号と過去のそれとを照らし合わせて、似たものを検索する。それが見つかったときに、初めて「コップが見えた」と認識するのだ。

そこで、もし今までに一度も見たことも聞いたこともないようなものを見せられたとしたら、どうなるだろうか。いくら記憶の中を探し回っても同じようなものを見つけられないので、脳にはそれがなんであるかを判断することができない。つまり、見えないのだ。あるいは、なんだかわからない、ボヤーッとしたものとしてしか感じられない。

私たち人間は、あらかじめインプットされた情報（記憶）がないと、「見ても見えない」し、何かを考えようにも「考えようがない」のだ。

じつは、恐れもこれと同じなのである。

動物の「恐れ」と、人間の「恐れ」

さきほどのウサギの例でみてみよう。ピューマに襲われたウサギは全力で逃げた。これは危機を感じたからだ。これも恐れということはできる。つまり、人間の脳の古い部分である大脳辺縁系の端にある扁桃体が刺激されると、こうした反応が起きてくる。

しかし、これは人間が感じる「恐れ」とは質的に違う。なぜなら、ウサギには人間のような新皮質がないので、人間が一般にいう「怖い」という感覚ではないのだ。つまり、危機を回避しているだけであって、怖がっているわけではない。

ところが、人間は複雑だ。危機的状況が起きると、ウサギと同じように扁桃体が刺激されるが、同時に新皮質も働いて「怖い」という感情が生まれてくるのだ。

生命にとって、もっとも根源的な感情は「恐怖」だといわれている。これがないと危機を回避できないからだ。しかし、人間が抱く「恐怖」はいつのまにか新皮質によって「妄想」になってしまった。つまり、新皮質が作り出す架空の世界の中にしか存在しないものが恐れの正体なのである。危機的状況の中にいなくても、映画を見るだけでも怖がることができるのはそのせいだ。

しかも、その場合の「怖い」という感情は前もって学習していなければ起きてこない。インプットされた情報（記憶）がないと、怖くないのだ。「四谷怪談」の映画をアメリカ人が見て笑ったのはそのせいだろう。

こうした、実際には存在しない感情を大脳生理学の世界では「クオリア」と呼ぶらしい。そう言うともっともらしく聞こえるが、「妄想」と言ったほうがもっとわかりやすい。恐怖、不安、心配、悲しみなどもすべてクオリア、つまり妄想である。これは動物たちには存在しない。だから、私たちは悩んでいるネコを見たことがないのだ。

しかも、問題なのは多くの人たちがこの恐怖に支配されていること。それが生きることの原動力とさえなっている。これほどの悲劇はないだろう。

職を失うことが恐ろしくて、いやな仕事をいつまでも続ける。人から変な目で見られるのが怖くて、言いたいことも言えない。本当は「ノー」と言いたいのに、つい「イエス」と言ってしまう。もっと自由に生きたいのに、人から変な目で見られるのが怖くて何もできない。

今すぐにでもしたいことがあるのにそれができないとしたら、あなたはクオリアにおびやかされている。今、恐れや不安、心配を引き起こすトラブルに遭遇しているとしたら、間違いなくクオリアの世界にいる。つまり、実際には存在しない妄想に左右されているのだ。

ここでぜひ知ってほしいのは、その妄想があらかじめインプットされたものだということだ。これまで見てきたように、私たちは事前にインプットされた情報（記憶）がないと、見ても「見えない」し、何かを考えるにも「考えようがない」。

したがって、そのあらかじめインプットされた情報をリセットしてしまったら、一瞬にしてあなたの恐れは消えてしまうはずなのだ。

本当はだれでも英語が話せる

「矢追さんはどこで英語を習ったのですか」

そんな質問を受けることが多い。私の制作したドキュメンタリー番組の多くは外国で撮られている。しかも、番組作りではインタビューでもなんでもすべて通訳やコーディネーターを使わずに私自身で行なう。通訳は番組の趣旨をあまり理解していないことも多く通訳を入れることで、お互いの言わんとするところがかえって伝わりにくくなるからだ。

そのため、私は外国語、とりわけ英語に堪能だと思われているようだ。

しかし、私は英語スクールに通った経験は一度もない。私が英語を勉強したのは中学の三年間しかない。じつは英会話というのは、中学英語で十分に通じるものなのだ。アメリカでの講演を頼まれることもよくあるが、それらも全部、中学英語で行なう。

当時、私は瞬時に機能的に動けるよう、海外での取材スタッフは総勢四〜五人にしぼっていた。その場合、コーディネーターがする仕事からホテルの予約、車の運転、飛行機・電車のチケットの手配、さらには日々のスタッフの食事の世話まで、すべて私が面倒をみなければならなかった。なぜかというと、スタッフのほとんどが英語が苦手だったからだ。

そもそも日常使われる英会話で、難しい単語が出てくることはほとんどない。中学レベルの英単語を知っていれば、会話は成り立ってしまう。知らない単語があったら、わかる単語で説明すればいいし、どうしても理解できない単語は、聞いてその意味を確かめれば新しい単語を覚えることもできる。単語の発音さえまともであれば、会話は通じるのだ。

実際、外国で取材をしていて難しい単語を使わなければならないことなど、めったになかった。だから、取材で中学英語を使えば使うほど、私は英語そのものに慣れていっただけなのだ。

ということは、日本人はその気になれば英語が話せるのだ。これは本当だ。日本人のほとんどは、中学英語を習っているはずだ。しかし、現実には高校でさらに三年間英語を学び、さらにその上、大学の教養課程で英語を二年間学んでも、それでも英語が話せない人が圧倒的だ。

なぜだろうか。その理由は明白だ。外国人に間違った文法で言葉を話すのが怖いのだ。

その恐れさえなければ、じつはどんな外国へ行っても困ることはない。たとえば、初めてブラジルに取材に行ったとき、私はポルトガル語なんてまったく知らなかった。レストランへ入ってメニューを見ても、何が書いてあるのかまったくわからない。

そういうときはまわりを見回して、おいしそうなものを食べている人を見つけて、「あれをくれ」とジェスチャーで示せばいい。レストランなら、これで十分に伝わる。

あとは周囲を見回しながら、単語を一つずつ覚えていく。ビールを飲んでいる人を観察していれば、ビールは「セルベージャ」というのがわかってくる。鶏肉を食べている人がいたら、鶏肉は「フランゴ」というのもわかるだろう。あとは自信を持って、「セルベージャ・イー・フランゴ」とウエイターに言えば、ビールと鶏肉が出てくる。「イー」とは英語の「アンド」のようなものだ。ブラジルでは、この三つの単語を知っていれば、なんとか生きていける。

英語だって、最初はこれでいいのだ。あとは少しずつ単語を増やして、実際に使ってみればいいだけだ。

たいていの日本人は英単語をすでにある程度知っている。だとしたら、ほとんどの日本人は英語で困ることはないはずだ。にもかかわらず英語は無理だと思い込んでいるのは、恐れ、つまり妄想のせいなのである。

落伍者製造工場

これまで述べたように、妄想は過去にインプットされた情報（記憶）からできている。では、その記憶を日本人はどこで刷り込まれてきたのだろうか。

皮肉なことに学校だ。学校での英語の授業なのだ。日本の学校では、英語が実際に通じるかどうかはあまり問題にされない。それ以前に、文法的に正しいかどうかの知識が要求される。テストで良い成績を取ることが目的となる。使うための英語ではなく、受験のための英語なのだ。

そこでは、間違った英語を話すことは失格者となる。間違った英語を話すことは、ダメな人間、落伍者《らくごしゃ》とみなされる。その結果、学校で勉強をすればするほど、間違った英語を話すことが恐ろしくなる。英語がますます苦手になり、英語ができなくなってしまうのだ。

英語を母国語としていない日本人に、ネイティブのような発音や話し方を要求するアメリカ人など一人もいないだろう。彼らでさえ、いい加減な文法で話しているのだ。そもそも日本人がはじめから完璧な英語を話そうと考えること自体がおかしい。それが妄想の妄想たるゆえんだ。

間違った外国語を話したら「バカにされる」、あるいは「笑われる」という恐怖、つまり妄想のために、日本人は英語が苦手だと思い込んでいるだけなのだ。そこから自由になれたら、あなたの可能性は一気に広がるだろう。

実際、私は英語の通じない国に行くときでさえ、通訳やコーディネーターは使わない。すべて自分でする。先のポルトガル語の要領で、現地で言葉を覚えるのだ。最初は大変だが、その気になればなんとかなる。私には外国語への恐れがない。

私が好運だったのは、中学の英語の先生が私に英語の正しい発音を徹底的に叩き込んでくれたことだ。受験のためというより、実際に使えることを目的に英語を教えてくれた。高校にも大学にも入学はしたが、ほとんど学校とは無縁の生活をしていた。だから、私には多くの日本人が抱く外国語への恐れがないのだ。

勉強するな！　本を読むな！

すでに記したように、一〇歳までほとんど押し入れに隠れていた私は小学四年生までまともに学校に通った経験がない。そのあとの二年間は日本が敗戦したので小学校そのものがなくなってしまい、まったく通っていない。

日本へ戻ってきてから小学校の六年生に編入したが、病院の母親のベッドの下で寝起きをして、そこから学校へ通っていた。

満州での過酷な体験が母の体に大きな負担をかけていたに違いない。日本へ戻ってくると、まもなく母は心臓を悪くしてしまった。母は東京・駒沢の国立病院に入院することになり、私と妹たちは母親のベッドの下にゴザを敷いて生活していた。

母親が退院したあと、私たちは世田谷区の母子寮に部屋を借りることができた。そこでは、六畳一間に家族四人で暮らした。私が学校へまともに通った経験があるのは、じつはこの母子寮から中学校へ通った三年間だけなのである。

病弱な母は自分に残された命があまり長くないことをすでに悟っていたに違いない。そのため、子どもたちを一刻も早く自立させようと必死だったと思う。

その教育方針はあいかわらずユニークだった。日本では、多くの親たちは、自分の子どもに少しでも長く勉強をさせようとする。少しでもたくさん本を読ませて、知識を頭に詰め込ませようとする。子どもが机で勉強をしたり本を読んでいれば、それだけで大喜びである。

しかし、私の母の場合はまったく逆だった。「勉強はするな、本は読むな」だった。

あるとき、翌日の試験に備えて、私が部屋で勉強をしていると、母に見つかってしまった。

「純一！　また勉強なんかしている。外へ行って体を鍛えてきなさい！」

「でも明日、試験があるから……」

母にそんなことを言ってもダメだ。かえって母の怒りが爆発する。

「あなたは学校で勉強するのが務めでしょ。学校で先生の言うことをちゃんと聞いていれば、勉強しなくても一〇〇点取って当たり前です。勉強しなければ試験ができないというのは学校でサボッているからです。そんなことなら学校には行かせません！」

絶対に家で勉強をさせてもらえなかった。もちろん、家では本も読ませてもらえない。本を持つことすら許されないのだ。本を持っているのが見つかると、母に捨てられてしまう。その厳しさは徹底していて、たとえ友達に借りた本だと言っても捨てられてしまった。

起きている間は外へ行かされた。外へ行って、体を鍛えろというのだ。私は幼いとき、虚弱だったので、母は私の体を強くすることをいつも考えていた。

じつは満州で押し入れに隠れて暮らしていたときも、こっそりと父の本を読んでいた。父の本は難しいものばかりだったが、私はもともと本が好きで、難しいなりに読んでいた。しかし、いくら本で知識を増やしたところで、いざとなったら、なんの役にも立たないことを母はよく知っていたのだ。

実際、知識をたくさん持てば持つほど、プライドが高くなるだけだ。自分は頭が良いのでなんでもできると錯覚してしまうのだ。満州ではそうした人たちは厳しい現実に対応できず、真っ先に飢え死にしていった。

極限の状況では、知識ほど役に立たないものはない。価値のなくなった満州国の紙幣のように鼻紙としても使えないのだ。実際に役に立つのは体である。だから、母はいつも私にこう言っていた。

「男は体が資本だから、外で遊んできなさい」

なんと、私は夕食後も外に遊びに出されたのだ。当時、外は街灯がほとんどなかったので、日が落ちると真っ暗だった。いくらなんでも、こんな時間にいっしょに遊んでくれる子どもはいない。

私は一人で近所のお寺の境内へ行っては、本堂や庫裏《くり》の屋根に登ったり、縁の下へもぐったりして遊んでいた。

本当の才能を開花させる方法

しかし、母は私にただ体を鍛えろと言っているわけではなかった。「勉強はダメ」「本を読むのもダメ」。しかし、それでいて「学校の成績は優秀」でなければならなかったのだ。母にとって、私の中学校での通信簿は五段階評価で全部五をとって当たり前だった。一つでも四があると母の機嫌が悪くなった。三をとったときにはひっぱたかれた。

母は決して私に優れた人間になれとは言わなかった。だが、言葉は悪いが、やはり「ただのバカではダメ」なのだ。妄想にだまされるようなバカではダメだということだ。

知識を学ぶなら、知識の奴隷になるのではなく、それを本当に使えるようになれと母は言っているのである。これは精神的に自立していなければできない。

あなただったらこんなときどうするだろうか。勉強はさせてもらえないが、成績は良くなければいけないのだ。無理だといって、母に反抗するのだろうか。私は満州で母が私たちに見せてくれた、人間の持つ底力のすごさをよく知っていたので、そんなことはしなかった。恐怖という妄想から解放されている私は、人間の持つ潜在力に気がついていたのだ。私は逆に短時間で覚えることを身につけた。

たとえば、通学の途中に歩きながら本を読んだ。母子寮から中学校まで歩いて三〇分かかった。その間に教科書を読んだり、友達から借りた本を読んだりしていた。車が勢いよく私の横を通り過ぎても気にせずに本を読めたし、信号の待ち時間も本を読んでいた。

最初は頭に入れるのに必死だったが、慣れてしまうと一種の技のようになってしまった。試験勉強もこれだけで十分だった。おかげで集中力がものすごく強くなり、本でも資料でも一回読めば内容がすべて頭に入るようになった。

ただし、あとにも先にも、私が学校にまともに通ったのはこの中学の三年間だけだ。このあと高校にも大学にも入ったが、ほとんど行っていない。試験のように本当に必要なときしか行かないようにしていた。まともに勉強をした経験はほとんどないのだ。

だからといって、それで日常生活で困ったことは一度もない。この点については、ほとんどの人もそう思うに違いない。実際の生活で難しい数学問題は必要ないし、物理の公式もいらない。古文や漢文を日常の会話で使うことは絶対にない。つまり、日本人の場合、学校に通うのは勉強そのものより、いい大学に入るため、将来性を期待できる大きな会社に入るためなのだ。

もちろん、教養を身につけるためという考え方（多くの場合、これも妄想の一種だ）もあるだろう。それは否定しない。好きなら勉強をすればいい。しかし実際には、ほとんどの人が社会での競争から落伍するのを恐れて、嫌いな勉強を一生懸命している。〝恐れ〟が生きる原動力になっているのだ。

私はいわゆる「浮き世の義理」で高校には通ったが、まったく勉強をしなかった。勉強する必要がなかったからだ。それでも、大学の入試に合格した。その大学もほとんど通わなかったが、いい成績で卒業できた。当時としては珍しいテレビ局にも就職しているのだ。

これは、いったいどういうことか。妄想から目覚めれば、恐れから解放されて、人間の本当の能力が開花するからだ。生きたいように生きる素晴らしさを味わうことができるからである。

なぜ努力しなければいけないのか

日本人は努力という言葉が好きだ。努力を美徳の一つと信じている。「一生懸命、汗、涙、根性」という言葉を聞くだけで感動してしまう人もいるだろう。

しかし、なぜ努力をしなければいけないのか。

努力とはあまり気が向かないことを一生懸命やることだ。好きなことをするのは努力とは言わない。好きなことで何日徹夜してもそれを努力とは呼ばないだろう。

好きなことであれば、いくらでもできるし、疲れない。良い結果も出せる。しかし、努力をしなければならないとなると、話は別だ。心身が消耗し、ときには病気になってしまう。しかも、良い結果が出せるとは限らないのだ。

いやなことを我慢して続けるには、自らを犠牲にして無理をするしかない。しかし、それではあまりにもつらいので、「がんばれば、いつかはご褒美がもらえる」と学校では教える。それが努力である。

「努力をすれば、良い人生を送ることができる」
「努力をすれば、立派な人間になることができる」
「努力をするかしないかで、人生の勝者と敗者が決まる」

などなど。

こんなことをインプットされてしまうと、死ぬまでいやな仕事を続けるようになってしまう。子どもから見て大人の社会に夢がないように思えるのは、我慢をしたり、努力することに一生懸命になっているからだ。

本当は逆なのだ。子どもたちに努力をさせないで、好きなことを思い切りさせれば、可能性はいくらでも開花する。ワクワクして、生きる実感が湧く。しかし、そうさせないで努力ばかりさせるから、子どもたちが学校へ行きたがらなくなる。子どものうちから人生がつまらなくなるのだ。

みんなが好き勝手なことをしたら、社会が崩壊してしまうではないか。だから、努力が必要なんだ、という人もたくさんいるだろう。しかし、そういう人こそ、恐れに支配されている。妄想のとりこになっていて、物事の本質がわかっていないのだ。

おそらく、この本を読んでいる人たちは、自分の妄想に気がつきはじめているのではないだろうか。気がつきはじめているからこそ、本書を手に取ったのだろう。

妄想とは、たとえて言えば、テレビゲームをしているときの感覚だ。テレビゲームに熱中すると、ゲームの世界の中でハラハラドキドキしている自分がいるだろう。夢中になって我を忘れている自分に気がついたことがあるかもしれない。その夢中になっている自分が妄想なのだ。

私はテレビ局でドキュメンタリー番組を作る前は、ドラマの制作をしていた。ドラマを作っていてわかったことは、視聴率の取れる良いドラマとは、視聴者を妄想のとりこにしてしまうものだった。

ドラマでは「かわいそう」「悲しい」「さびしい」「苦しい」「つらい」などといった感情を刺激する。その感情の起伏が大きければ大きいほど、ドラマチックになる。しかも、視聴者はその感情をドラマの主人公と共有する。そして、そうした情報が何度もインプットされるうちに、視聴者はドラマの主人公と同じ反応をするようになるのだ。

ここで冷静になって、よく考えていただきたい。たとえば、小さな子どもがつらい環境をけなげに生きるドラマがあったとしよう。もしそうしたドラマを観て、思わず涙が出てきたとしたら、その流れた涙はなんなのか？　と。

ドラマは役者がシナリオどおりに演じているだけだ。事実ではない。にもかかわらず、その演技を見て感情が動く。涙を流して、感情の中に溺れている自分がいる。その感情の中にひたり切っている自分は何か。妄想なのだ。

妄想から目覚めると人生は楽しくなる

すでに述べたように、大脳生理学では、大脳新皮質で人間が感じる喜怒哀楽の感情を「クオリア」と呼んでいる。これらは人間の脳の中にしか存在しないもの、神経細胞が作り出した実在しない抽象的な世界、つまり妄想である。

あなたは自分が型にはまった反応しかできなくなっていることに気がついたことはないだろうか。たとえば失恋をしたときには、悩んで落ち込む。酒を飲んで酔っぱらう。傷心旅行に出かける。女性ならば髪をバッサリと切る、などなど。

しかし、なぜ、失恋したときに落ち込んだり、酒を飲んだり、旅行に出かけたり、髪を切ったりするのだろうか。妄想の中にいるとそれがわからない。じつは、小説やドラマでそうした情報がすでにインプットされていて、あなたは無意識にそれと同じ反応をしているにすぎないのだ。

形は違うが、有名人が自殺をすると、そのマネをして自殺をする人が続出する。かつてある有名なアイドルが失恋で自殺したときに、若い人の自殺が増えて社会問題になったことがあった。これも妄想のなせる技である。

では、あなたは失恋をしたときにどんな反応をするだろうか。妄想から目覚めている人なら、まったく違う反応をするだろう。「ラッキー！」と喜ぶかもしれない。

なぜなら、そういう人にはまた新しい出会いが待っているはずだからだ。妄想から目覚めると、型にはまった反応から解放され、まったく新しい選択ができるので、人生が何倍にも楽しくなってくるのだ。

ある日、自宅のマンションで歯を磨きながらボーッと外を見ていると、満員電車が走っていくのが目に入った。電車の中はたくさんのサラリーマンですし詰め。窓に顔を押しつけられて乗っている人もいた。

「なんてことだ。生きていくためなら、いくらでも選択肢があるはずなのに」

私はそう思わずにはいられなかった。皮肉を込めてそう思ったのではない。妄想に縛られてしまうと、選択肢の幅が極端に狭くなってしまうことに改めて驚いたのだ。

第四章　じつはあなたが宇宙そのもの

つまらない選択、ワクワクする選択

私は中学を卒業したあと、学費が無料になる特待生制度がある高校に入学した。ここは現在では優秀な生徒が集まる高校に変身しているが、当時は有名な不良高校で、授業のレベルは最悪だった。毎日のように、だれかがよその高校の不良ともめ事を起こしていて、そのたびに大騒ぎをしていた。私は真面目に授業に出る気にはなれなかったので、教室を抜け出して映画を観たり、街で遊んでばかりいた。

私が高校二年のとき、母が病気で亡くなった。母の代わりに私が二人の妹の面倒をみることになった。親戚はみな、そんなことはできるわけがないと反対した。しかし、かつて満州で母がしたように、私はその日のうちに部屋を借りてきて、兄妹三人の生活を始めてしまった。当時の常識では、これは考えられないことだった。なぜなら、私は経済的に妹たちの面倒をみながら、同時に昼間の高校に通うことにしたからだ。

その当時、学生向けのアルバイトなどなかった。そもそも「アルバイト」という言葉すら耳にしなかった。未成年を時間給で雇うことに後ろめたさを覚えるような時代だったのだ。妹たちの生活を支え、学校へきちんと通わせるには、私が高校をやめて就職をするか、あるいは定時制の高校に通って昼間はちゃんと働くか、そのどちらかを選ぶのがそのころの常識だった。

だが、私はそのどちらもいやだった。高校をやめて就職するのも、また定時制の高校にも通う気がしなかった。にもかかわらず、私が妹たちの面倒をみると言ったので、親戚たちは本気にしなかった。

では、どうしたか。そのとき、高校生に都合がいいアルバイトなど、あるわけがない、と思っていたら、もちろん見つからなかったろう。ないと思えば探すこともないから、絶対に見つからない。でも、あると思って探すとなぜか見つかる。ここが面白いところなのだ。

あなたも、私と同じように「イエス」か「ノー」かの二者択一を迫られるときがあるはずだ。そのとき、できないと思って常識的な判断をするか、あるいはその常識を打ち破った判断をするかで、あなたの人生はまったく違ったものになってしまう。

もちろん、つまらないけれど安定した道を行くか、楽しそうだけれど不安定そうに見える道を行くか、どちらを選ぶのも自由。あなた次第だ。

しかし、よく覚えておいていただきたい、あなたが恐怖という妄想から自由になってしまえば、あなたにはいつも良いチャンスがめぐってくるのだ。

実際、私の場合も、いいアルバイトはすぐに見つかった。日比谷公会堂の隣にあった、市政会館というビルで、たまたま夜間のエレベーターボーイの求人をしていたのだ。そこは東京市政調査会という、れっきとした公共団体が運営する建物だったので、私が働くことに反対する人はだれも出なかった。

当時、エレベーターは手動だったので、それを操作するために「エレベーターボーイ」が必要だった。その仕事は夕方から夜中までだったので、学生だった私にはピッタリだった。もちろん、私のアルバイトのお金だけでは二人の妹を養うのは経済的に難しかったが、足りない分は育英資金を使わせてもらった。本当にあなた次第で、人生はそのとおりに展開していくものなのだ。

二人の妹を養いながら、しかも働きながら高校に通ったなどと書くと、私のことを立派な苦学生のように思う人もいるかもしれない。それはまったくの誤解だ。たしかに私は妹たちが安心して学校へ行けるように生活を支えてはいたが、昼間は高校の授業を抜け出して、街で遊んでいた。私の高校生活は日々遊びに明け暮れていたと言ったほうが正確なのだ。

厳しい母がいなくなり、私は以前にも増して自由になり、好きなだけ遊ぶことができた。普通の高校生なら体験できないようなことを遊びにおいてもアルバイトにおいてもできたのだ。これほど楽しいことがあるだろうか。

そもそも、当時の私を普通の高校生と思ったら大間違いだ。満州でたくさんの修羅場を経験してきた私には、平和な日本で働きながら高校に通うことなど、たいしたことには思えなかったのだ。

あなたは常識の奴隷ではない

私が通っていた高校は、そのころは電機学園高等学校（現・東京電機大学高等学校）と呼ばれ、電気技術者の卵を育てることで知られていた実業学校だった。日本が高度経済成長へと邁進《まいしん》していこうとしたころだから、卒業生にはいくらでも就職先があり、同級生の進路はほとんど就職だった。もともと大学受験を念頭において入る高校ではなかったので、当然である。

普通に考えれば、卒業後の私の進路も、技術系の会社への就職ということになるだろう。今の日本では高校を卒業したあと、大学に入ることは当たり前のような風潮があるが、当時は違っていた。大学に入るには、それなりの条件が必要だった。大学は頭の良い人が入るものとみなされていたし、何よりも経済的な余裕がなければ入れなかった。

私の場合、その二つともなかった。二人の妹の面倒をみていたので、大学へ入る経済的な基盤がまったくなかった。大学に受かったとしても、入学金すら持っていなかった。

学力の問題はそれ以上に大きかった。高校時代、私はまったく勉強をしていない。学力は中学時代のままなのだ。もし私が大学受験をするとしたら、中学生がいきなり大学入試試験を受けるようなものだった。

しかも、即戦力で働ける技術者を育てることを目的とする私たちの高校には、進学用の授業がいっさいなかった。国語は古文も漢文もなくて、現代国語だけ。社会は日本史も世界史もなく、現代社会だけだった。英語の授業にいたっては中学生のレベル以下で、はしにも棒にもかからないものだった。どうがんばったところで、私の学力は中学三年間で身につけたものだけなのである。

にもかかわらず、私は就職をしないで大学受験をめざすことにした。それで、またもや親戚一同から反対されることになった。

なぜ、私は大学へ行くことに決めたのか。これはカンとしかいいようがない。なぜか、「大学に行っておいたほうがいいのではないか」と思ったのだ。

しかも、勉強をいっさいしていないにもかかわらず、「試験には合格する」と思い込んでいた。もちろん、何らかの算段があってそう思ったのではない。勝手にそう思っていただけだ。

何度もいうようだが、常識的に考えたら、私は就職を選ぶことになっただろう。しかし、ここまで読んできたあなたは、その「常識的に考える」というのがそもそも妄想であることがおわかりだろう。常識とは先入観（あらかじめインプットされた情報）であり、あなたの考えではない。物事を常識で選んではいけない。あなたは常識の奴隷ではない。選択はあなた自身が行なうのが本当なのだ。その際、理由はいらない。あなたがしたいことをただ選べばいい。私も自分のカンにしたがって選択をしただけなのだ。

はじめから絶対に無理と思っていれば、だれがやっても無理だ。しかし、「ひょっとしたら」

と思えば、可能性が一%ぐらいは出てくるだろう。かなり可能性があると思えれば、さらに可能性は広がる。

私の場合、一〇〇%大学に入ることを確信していたので、入学金がなくても、また受験勉強といわれるような勉強をしなくても、中央大学の法律学科に入学することが一〇〇%確実にできたのだ。この結果には、親戚も友人たちも、みなびっくりしていた。本当に、考え方一つで人生はまったく違ったものになるのだ。

寝る間も惜しいほど楽しい!

では、どうやって私が大学に入ったかを具体的に記してみよう。

まず、お金を貯めることにした。妹たちを養わなければならないし、入学金を作るためにもまず働く必要があった。そのために、三つの仕事をすることにした。朝から夕方まで建設会社で、製図書きの手伝いから現場監督の助手、使い走りまでなんでもした。それが終わると、午後六時から九時まで高校のときから続けていたエレベーターボーイ。そのあと、深夜の零時まで銀座のクラブでバンドボーイをしていた。

とにかく忙しかった。何しろ、私の一日はそれだけでは終わらないのだ。そのあとに遊ぶ時間があった。私は年齢も若いし、よく働くので、みんなから好かれた。バンドボーイの仕事が終わると、バンドのメンバーが私を飲みに誘ってくれる。ほとんど毎晩飲み歩き、家に帰るのは朝の三時ごろだった。部屋にそーっと入って、妹たちの寝顔を見てから床に入った。そして、翌朝の七時に妹たちの弁当を作って学校へ送り出し、自分も八時半には家を出て、建設会社へと向かった。

なぜ、毎晩ろくに眠らずにそんなことができたのか、不思議に思う人もいるだろう。しかし、私と同じような経験をしたことがある人ならわかるはずだ。楽しいからできるのだ。私は遊ぶことが好きだ。楽しいことが好きだ。それは今でも変わらない。一瞬一瞬をつねに楽しみたいのだ。仕事も夜の遊びも妹たちの面倒を見ることも、すべてが自分にとっては楽しいから、眠る間も惜しかったのだ。

気がつくと、そんな生活が二年ほど続いていた。毎日が楽しくて、時間がたつことも忘れていた。

「明日から、私も働きに出ます」

ある日、けなげにも上の妹がそう言った。やっと待ちに待ったタイミングがやってきた。

これで私が大学に入っても生活のめどが立つようになった。私はすぐに大学受験の準備を始めた。

ただし、私のいう準備とは受験勉強ではない。どこの大学を受けるのかを決めることだ。もちろん、その際の最優先事項は学費が安いこと。当時、国立大学で学費が安いのは東大、私立では中央大学だった。

私はもともと理系より文系が好きだったので、東大は文学部を受けることにした。中央も文系を受けることに決めていたが、いちばん難しいといわれていた法学部の法律学科に決めた。どうせ受験勉強はしないのだから、難関といわれている大学や学科を選んだほうが面白いと考えたのだ。

結果は、すでに記したように中央大学は受かった。東大は一次試験に合格したが、二次で落ちた。じつをいうと、もともと勉強をしていなかったので、八科目の試験は無理だと自分でも半分諦めていたのだ。

一方、試験科目の少ない中央大学のほうは自信満々だった。ここなら受かると確信していた。落ちることなどまったく考えていなかった。だから、試験が終わった翌日、東北一周の旅に出た。中央大学から合格通知が来るまで時間ができたので、ひさしぶりの旅に出て、気分を一新しようと思ったのだ。なんと楽天的な人生観だろう！　自分でも驚くほどだ。

貧乏旅行だったが、本当に楽しいものだった。東北をあちらこちらとめぐり、宮城県・牡鹿半島に着いたころには現金が底をついたので、しかたなく東京に戻ってきた。案の定、アパートの部屋には中央大学の合格通知が私の帰りを待っていた。

中央の法科は「司法試験の合格率が東大より高い」ということで有名だった。当然、入学試験の倍率も高く、難関の一つに数えられていた。その法科に私が一発で受かったと聞いて、だれもが驚いた。奇跡だと言った。なぜなら私が朝から晩まで働き、さらに深夜まで遊び歩いて、とても勉強ができる環境にはいなかったことをだれもが知っていたからである。

願望達成には「時間差」がある

いったい、どうやって私は合格したのか。正直に告白しよう。じつは、受験勉強をしたことがあるのだ。そもそも大学入試というものがよくわからなかったので（本当だ）、本屋で大学入試問題集というのを一冊買って、そこに出てくる問題と解答を端から端まですべて読んだのだ。ただし、一回読んだだけ。他には何もしていない。

私は中学生のときに、本は一回読んだだけですべて頭に入れてしまうという特技を身につけていた。もちろん、それが役に立ったこともあるだろう。

しかし、いくらなんでも問題集だけでは難関の大学に入れるわけはない。私がたいして勉強もせずに大学に入ることができたのは、すでに記したように、中央大学に私は必ず入れると確信していたこと。そうなると信じていたことだ。私の経験からも明らかだが、疑うことさえしなければ必ずそうなるのだ。

ところが、それが難しいと多くの人は言う。難しいのは「もし、失敗したらどうしよう」という恐れが出てくるからだ。難しいと思うから難しい。

それに、願望達成には「時間差」があることを考慮しなければならない。必ずしも思ったことがすぐに実現するわけではないのだ。思ったことが現実となるまでには多少の時間がかかる。その間、恐れを抱かずに待てるかどうかなのだ。この時間差は、状況によって異なる。私の場合、大学に入ろうと思ってから二年ほどかかった。その間、私のしたことはただ生きていることを楽しみながら過ごすことだけだった。

大切なのはゴールを決めることだけ

じつは、もう一つ大きなポイントがある。目標は立ててもいいが、目標を達成するための方法や手段はあまり考えないこと。どうしたらその目標が達成できるのか、あれこれと思いをめぐらさないことだ。目標を決めるだけでいい。そうすれば、いつかチャンスは向こうからやってくる。

子どものときからメジャーリーグへ行くと信じている人は、自然にメジャーリーグへ行く。セリエAに行くと信じている人は、いつのまにかセリエAに行くのだ。

その方法についてあれこれ考えていると、やはり自分は力不足ではないか、といった恐れや不安が出てくる。目標を立てたら、何も考えず、流れに身を任せることだ。うまくいかないのは、チャンスが向こうからやってくるのを待つことができず、自分の力でなんとかしようとするからだ。

そもそも自分の力などはたかが知れている。自分の力だけで何か事を成し遂げようとするのは、どだい無理なことなのだ。あなたは宇宙に生かされているのだから、その宇宙の流れに素直に身を任せればいい。そうすれば、自然にうまくいく。ゴールを決めたら、何も考えず、すべてを任せ切って、ノンキに待っていればいいのだ。

私の場合、経済的な問題や学力のことをあれこれと考えたら、大学に入るのは不可能だったに違いない。無力な私にできたことといえば、ゴールを決めたら、あとは何も考えずに一瞬一瞬を楽しく過ごしながら待つことだけだった。

たしかに三つも仕事をしたが、何がなんでもお金を貯めようとがんばっていたわけではない。じつをいうと、入学金を貯めることすら忘れていたのだ。よく働いたが、余ったお金は全部、遊びに遣ってしまった。気がついたら、あいかわらずの一文無しだった。本当に何も考えていなかったのだ。

では、入学資金はどうしたのか。親戚一同に相談したが、ダメだった。それまでの私への不信感が強く、お金を借りるどころではなかった。お祝い金は集まったが、たいした額にはならなかった。それで、そのお金も飲んで遣ってしまった。

しかし、何も疑わずに流れに身を任せていれば、最後は必ずうまくいく。前述のように、私は日比谷公会堂の隣にあった市政会館でエレベーターボーイの仕事をしていた。その建物の東京市政調査会で理事をされていた田邊定義さんにわけを話すと、お金を貸してくださったのだ。私の父は満州にいたころ、戦前の大政治家で、初代の満鉄の総裁を務めた後藤新平氏と縁故があった。田邊さんはその後藤新平氏の直属の方で質実剛健、私がかねがね尊敬していた人物だった。

再び妄想について

ホログラフィーという言葉をご存じだろう。最近では、ホログラフィーで作り出されたコンピュータグラフィックスの架空のアイドルが登場し、それが舞台で踊り歌うコンサートが、日本ばかりかヨーロッパやアメリカ、中国、香港でも開催され、話題になった。たとえ実在しないアイドルであっても多くのファンが熱狂できるのは、リアルに舞台で歌っているかのように見えるからだ。これはレーザー光線で作り出している立体映像（ホログラム）にすぎない。こうした立体映像を作り出す技術をホログラフィーという。

ホログラムのフィルムには、光の波が干渉し（重なり）あったパターンが複雑な模様となって刻み込まれている。ここにレーザー光線を当てると、空間に立体映像が浮かび上がる。不思議なのは、このフィルムを端から切り取ると、立体映像が欠けてしまうかというと、そうではないことだ。フイルムを半分に切っても、そこにレーザー光線を当てると、やはり完璧な全体像が浮かび上がる。それどころか、フィルムをいくら切り刻んでも、ホログラフィーによるフィルムは全体を映し出す情報を内蔵しているのだ（ただし、小さく切るほど、そこに含まれる情報が少なくなるので画像が粗くなる）。

じつは、このホログラフィーの性質を脳が持っているという。どうやら人間の脳はホログラフィーのフィルムのように、入ってくる情報を光の波のぶつかり合ったパターン（干渉縞）として脳全体で記録するらしいのだ。

ここからは、さらに大胆なことも想定できる。この世の中のすべてのものや現象も、じつはホログラフィーの写真のようにできているのではないか、ということだ。

たとえば、私たちが友人と出会うとき、その人の全体像をいちいち確認しているわけではない。そのときの角度、視界、距離などの条件により、見える部分も限られてしまう。本当は一度も同じ条件で、その人を見ていないのだ。それでも会えば、一瞬にして友人として確認できる。

なぜ、それができるのか。脳がその人の立体像を把握しているからだと考えられる。つまり、架空の世界を脳の中で作っているのだ。これをもっと突き詰めて考えれば、宇宙を含めて、この世の中のすべてがホログラム（ホログラフィーの写真）かもしれないのだ。

これはよく仏教の胎蔵界曼荼羅《たいぞうかいまんだら》にたとえられる。胎蔵界曼荼羅とは大日如来を中心に形成された世界を描いた仏教画で、分割されたその世界の一つひとつが大日如来の世界を形成していて、さらに分割するとそれが同じ世界を形成するという無限の構造を表している。この構造こそ、ホログラフィーなのだ。

しかし、よく考えていただきたい。ホログラフィーそのものは、その場に実在しないものを3D（立体映像）で見せる技術である。ホログラムの世界そのものは幻想である。だとしたら、ここで重要なのはその幻想を見ている「あなた」ということになる。あなたがいなかったら、それを見ることがないのだから、その幻想は存在しない。もともとないものなのだ。いくら立派な映画劇場があったとしても、あなたがいなければ映画はないのと同じである。

人は誤解をしている。

「宇宙の中に地球があって、その地球にたくさんの国があり、その一つが日本で、その日本のある地域で自分は生まれた。自分はなんてちっぽけで、どうしようもない存在なのか」と。

本当は逆なのだ。

「自分がいるから日本が認識できて、日本が存在することになり、世界が存在し、宇宙があるのだ。なんと自分はすごい存在なんだ」。

重要なのはあなたなのだ。大切なのはあなただ。

あなたがいなかったら、この宇宙の存在も認識できない。つまり、ないのと同じことだ。そう思えば、あなたが宇宙そのものなのだ。外の世界ではなく、それを内側で見ているあなたが重要なのだ。あなたの内側に本当は宇宙があるのである。

なぜ、この事実に気がつくことができないのか。なぜ、自分を卑下したり、ちっぽけな存在としてみてしまうのか。第二章で説明したように、これまでにインプットされてきた常識のせいだ。すべてを常識的に判断してしまうために事実が見えない。

「大きなことはみんなで力を合わせてやらなくては無理だ」「みんなでいっしょに協力し合っていきましょう」とかいうおためごかしのセリフを楽しそうに言う人が多い。だが、裏を返せば、「あんた一人では何もできないよ」「あんたという個人はたいした能力がないよ」と言っているに等しい。

「常識」とは、言うまでもなく偏見のことである。それはたんなる偏った見方にすぎない。

アインシュタインも言っている。

「常識とは、私たちが若いときに受けた教育による偏見にすぎない」

あなたしかいない世界

あなたは言うだろう。

「たしかに自分が目をつぶると世界が消える。だからといって、それで外の世界がなくなるわけではない。私が存在しなかったとしても、相変わらず地球はあるし、そのまわりを月が回り続けている」

本当にそうだろうか。あなたが存在しなかったとしても、外の世界は実際に存在しているのだろうか。

じつは、その証拠はどこにもない。なぜなら、そもそもあなたが存在しなかったら、外側の世界が実際にあるかないかを確認できないからだ。あなたはいつも観察者であり、その観察なしには答えを出しようがないのだ。アインシュタインを生涯悩ませ続けたのも、じつはこの問題だった。

「何をバカなことを言っているのだ」と片づけてしまうようなら、あなたはまだ妄想の中で眠り続けているのだ。目を覚ましてほしい。世界にはあなたしかいないのだ。

たしかに、外側の世界が実在するという客観的な証拠が、あなたのまわりにはたくさんあるように見えるだろう。あなたが都会の街を歩いていれば大勢の人とすれ違うし、田舎にいればのどかな田園の風景が目の前に広がっているかもしれない。それらはリアルな存在だ。図書館へ行って、あなたが生まれる前の新聞の記事を読めば、あなたが存在しなかったときにも、さまざまな事件があったこともわかるだろう。現にこの本を読んで、あなたは私の過去についても知ったはずだ。調べようと思えば、約二三〇万光年という気の遠くなるような距離にあるアンドロメダ銀河の驚異的な画像すら、インターネットですぐに検索して見ることができる。

その意味では、宇宙を含めて何もかも、客観的事実として存在している。そんな当たり前のことを疑う必要などどこにもない。あなたはそう思うだろう。

しかし、その「当たり前」と思ってしまうことがくせ者だ。そこには先入観がある。何度も言うが、いくら客観的事実を調べても、それを確認しているのはあなたであることに変わりはないのだ。

この本を読んでいるのは、あなただ。あなたがすべてを確認している。あなたが確認しなかったら、それらが実在しているか、あるいはしていないかさえわからないのだ。もちろん、あなたにとってそれらが存在している意味すらないのだ。

観察した瞬間に現れる素粒子

じつは、物理学の世界では、私たちの物質世界が幻影にすぎないことはよく知られている。あなたもそれについて、一度は考えたことがあるはずだ。

中学校の理科や高校の物理学の授業でも習ったように、私たちの体をはじめ、あらゆる物質はすべて原子からできている。その原子は原子核と電子からできていて、原子核のまわりを電子が回っている。

問題はその構造だ。原子核一個と電子一個で構成されている水素原子でみてみよう。

仮に原子核をバレーボールくらいの大きさと仮定したら、電子はパチンコ玉くらいの大きさになる。バレーボールのまわりをパチンコ玉が回っているわけだが、その場合、原子核と電子がどれだけ離れて回っているかというと、なんと東京─小田原間の距離に等しいのだ。その間には何もない。物質とは、そんなすき間だらけの集まりなのだ。

これは具体的にはどういうことかというと、私たちが硬い物質として見ているものは、じつはモヤモヤした霧のような得体の知れないものだということだ。

それだけではない。今では原子核はもっと小さな素粒子からできていることがわかっている。しかも、その素粒子は無から生じるかのように「何もない空間から突然現れ」、そして「突然、何もない空間へと消えていってしまう」のだ。ご存じのように、これが量子力学である。

ここで大切になるのは、素粒子がどんなときに姿を現すかということだ。じつは私たちが観察した瞬間に現れる。私たちが見ていないときは、ないのだ。

すべての素粒子は波の性質を持っている。波は物質ではない。どこまでも広がっていくもので、どこか一カ所に限定されていない。ところが、私たちが観察すると瞬時に粒子、つまり物質になるのだ。

いまや、こんなことはあなたが調べようと思えばいくらでも情報を得ることができる。「量子論」とか「量子力学」というワードでネット検索すれば、いくらでも出てくるはずだ。そんなことはすでに知っているという人もたくさんいるだろう。しかし、わかっていても実感が湧かないというのが正直な気持ちかもしれない。あなたのまわりは相変わらず人やものであふれていて、あなたはそれらの影響を受けずにはいられないからだ。

それもしかたがないことだろう。前にも説明したように、もともと世界は見えるように存在するわけではないのだ。あなたは過去にインプットされた情報から見ているだけだ。

どう考えても、あなたは妄想を見ているのだ。

その時刻は迫っている

私の考えを非常識というなら、それでもいい。どちらを選ぶかはあなたの自由だ。しかし、もしあなたの中に漠然とした未来への恐怖や不安があるのなら、私の話をよく聞いてほしい。たぶん、あなたも気がついていることだろう。今の政治も経済も世の中の風潮もどこかおかしい、と。

そのとおりだ。すべてがおかしい。みな、だまされているのだ。調べればすぐにわかることだ。真実を知られては困るので、人々の心が操作されている。そのテクニックが巧みで、世の中もそれなりに機能していたので、ほとんどの人はマインドコントロールされていることに気がつかなかった。

ところが、政治も経済もすでに老朽化が激しくなり、機能不全を起こしはじめた。あちらこちらで、ボロが出てくるようになった。もう前のようにだませなくなってきたのだ。そして、新しいものが生まれるには、古いものが消えていかなければならない。

明日、あるいは、明後日――。私がかつて満州で経験したように、ある日突然、すべての紙幣がただの紙になる日がやって来るかもしれない。それだけではない。政治も社会もすべてがひっくり返るかもしれないのだ。そのとき、もしあなたがいまだに目を覚まさず、妄想の中で我を忘れているとしたら、混乱の海の中にそのまま飲み込まれてしまうだろう。そこから逃れるのは難しいに違いない。

じつは、世の中を支配している少数のパワーエリートは、もっと深刻な問題を私たちに隠している。地球が危ないのだ。地震、津波、台風、豪雨、ハリケーン、竜巻、早魃《かんばつ》、土砂災害、大雪など……。最近、自然災害が世界的規模で多発しているのをご存じだろう。

じつはその背景にあるのは、地球を含めて太陽系そのものが大きな変動を起こしていることなのだ。

二〇〇二年、ロシアの科学者アレクセイ・デミトロフ博士は、われわれの太陽系の異変を次のように報告している。

▼冥王星……温暖化により、この一四年間で大気圧が三倍になった。ポールシフトにより、N極とS極が反対になってしまい、太陽系から遠ざかりつつある。

▼海王星……新しい黒斑が出現し、明るさが増大。ポールシフトで磁場に大変化がみられる。海王星の第一衛星で、海王星最大の衛星トリトン（太陽系全体でも七番目の大きさ）の温度が五％上昇している。

▼天王星……明るさが増している。
▼土星……明るさが増した。土星の第六衛星であるタイタンでは、大気層が一九八〇年より一〇～一五％厚くなった。
▼木星……大赤斑が小さくなりつつあると同時に、新しい赤斑ができた。木星の磁場から発生したプラズマが、木星の第一衛星であるイオとチューブのようにつながった。これまでにない氷冠が見られる。イオは地球以外で最初に活火山が観測された天体だが、この巨大火山が噴火した。
▼火星……温度上昇にともなって極の氷冠が溶けはじめ、一九九九～二〇〇〇年の二年間だけで五〇％が消滅。その結果、なんと大気濃度が一九九二年の二倍になった。今後二〇年間で二〇倍になると予想される。
▼金星……磁場が変化している。明るさと温度が高くなっている。
▼月……一九八五年以降、今までに観測されなかったナトリウムとカリウムのイオンガス発生が観測された。
▼地球……一九九〇年代には四〇ガウスであった磁場が二〇〇二年には約〇・四ガウス、つまりわずか十数年で一〇〇分の一にまで減少。しかも磁気減少は年々続いている。自転速

度が速くなっている。北半球の地磁気極は、この一五〇年間でカナダからシベリア方向に一一〇〇キロメートルも移動。ヴァン・アレン帯で、これまでになかったガスの帯が発見された。一九七五年以来、火山活動は約五倍に増加。一九七五～一九九八年にかけて地震が四倍に増加した。一九六八～一九九三年にかけて自然災害が四・三倍にも増加している。

太陽に何が起こっているのか

なぜ、このような変動が太陽系全体で起きているのかというと、太陽そのものに原因があるのは間違いないだろう。

私たちは科学によってなんでも解明されたかのように思っているかもしれないが、そんなことは決してない。現在起きている太陽の異変について調べると、太陽についてはまったく何もわからない、ということがわかったのである。

たとえば、太陽では約一一年周期で両極の磁場が反転する現象がみられてきた。つまり、北極と南極が入れ替わるのだ。予測によると、二〇一三年五月には、太陽が極大期（太陽活動が活発な時期）を迎え、同時に北極がプラス極へ、南極はマイナス極へ反転すると思われていた。

ところが、二〇一二年一月、宇宙航空研究開発機構の太陽観測衛星「ひので」によって、北極では約一年も早く反転に向けて磁場がゼロとなったが、南極では反転のきざしがみられないことがわかったのだ。その結果、北極と南極がプラス極となり、赤道付近に別のマイナス極ができるような、太陽系全体の磁場が「四重極構造」になっている可能性が指摘された。

二〇一三年の末になって、やっと太陽のポールシフト（磁場の反転）が完了していることがＮＡＳＡ（アメリカ航空宇宙局）によって確認されている。これだけでも異常事態なのだが、さらに追い打ちをかけるような事態が出現した。なんと二〇一四年七月一四日には太陽の黒点数が急激にゼロになってしまったのだ。本来なら極大期を迎え、太陽の黒点数も増加に転じるはずなのに、減少傾向が続いている。黒点が少ないときは、地球の気温が低下することがわかっている。ということは、今後地球は寒冷化に向かうらしいことが予測されるのだ。

もちろん、気温の急激な変化は気流にも大きな変化を与え、大雨、洪水、暴風が世界的な規模で起こりやすくなる。最近の自然災害の多発はこれと無関係ではないだろう。

アメリカは何年も前からこの事態を憂慮していて、米国防総省は、こうした自然災害によって世界経済が不安定になり、食糧不足や資源の高騰を引き起こし、地球上のあちこちで暴動、テロ、戦争が起こると予測している。最悪の場合、世界で一〇億人が死亡することになるかもしれないとも警告しているのだ。

黒点の数が減少すると、巨大地震が起こりやすくなることも指摘されている。もちろん、そうした指摘がなくても、日本の関東地方では巨大地震が直近に起こりうることがすでに想定されている。さまざまな物理的調査・観測から、または歴史的な経験則から、明日、巨大地震が関東地方を襲っても不思議ではないらしい。

もちろん、太陽のポールシフトに地球のポールシフトも連動している。先に述べたデミトロフ博士の報告にすでにあるように、北半球の地磁気極はこの一五〇年間でカナダからシベリア方向に一一〇〇キロメートルも移動しているのだ。これが地球の地殻変動を引き起こしている。

今、世界的規模で、地震や噴火が起きているのも当然だろう。世界のあちらこちらで突然、大地に大きな亀裂が走ったり、シンクホールと呼ばれる巨大な穴があいてしまう現象が多発しているが、これらも無関係ではあるまい。地球は大変化のときを迎えているのだ。

明日、私たちの身に何が起こるか、まったくわからない。この事実に私たちは目覚めるべきだ。

幸運への距離はたったの一〇センチ

おそらく、ある日突然、それはやって来る。そのときあなたが目覚めていれば、新しい波に乗って、新しい世界へ進んでいくことができるだろう。

「なんて私はついているのだろうか」

それは、まるでカジノの博打で大勝したような不思議な感覚かもしれない。人はそれを運が良いという。

じつは、幸運と不運との差はたった一〇センチ。本当に、これくらいの差しかない。しかし、たったこれだけの差で運命は逆転してしまう。あなたはその差を超えられるだろうか。

戦後の満州でのことだ。当時、私たち日本人は生き延びるためになんでもした。あるとき、ソ連軍の管理している旧日本軍の倉庫から、食糧や物資を仲間たちとともに取り戻しに行ったことがある。私はまだ少年だったが、大人たちといっしょに参加した。

深夜、リヤカーを押して忍び込み、大きな倉庫からこっそりと食糧を運び出そうとしていた。すべてはうまくいったかのようだったが、突然、馬に乗ったソ連の憲兵が数人ピストルを乱射しながら乱入してきた。何事かロシア語で怒鳴っている。

「逃げろ！」

私たちはドアを蹴破って必死で逃げた。

すると、数名の仲間とともに走る私の頭上を何かが勢いよく通過していき、前を走っていた大人が倒れた。弾が当たったのだ。当時、私はまだ子どもで背が低かったので、私の頭の上を弾丸がかすめていき、前の大人に当たったのだ。その人と私の背丈の違いはわずか十数センチ。たったこれだけの差で、私は生き残り、その人は亡くなってしまった。

私は倒れた人の体を乗り越えて、逃げ続けた。私が立ち止まったら、他の仲間もやられてしまうからだ。気がつくと、必死の逃走の中でも生き残った人間はしっかり荷物を満載したリヤカーを引いて走っていた。物資をしっかり持ち帰ったのだ。

もしソ連の憲兵が撃った弾が十数センチ低く飛んできたとしたら、どうなっていただろうか。弾は間違いなく私に当たり、その人は助かっていただろう。

もしすべてが妄想なら、私の現実もやはり私が作った妄想の一つだろう。しかし、人と違うのは、私はそのことに気がついているということだ。妄想を妄想と気がついている。だから、そこから自由なのだ。その場合、私は自分に都合の良い妄想しか見ない。いや、見えないのだ。これが、私がたびたび幸運を手にしてきた理由なのだ。

まさかと思われるかもしれないが、本当だ。あなたが妄想から目覚めて、真実が見えるようになってきたら、このことが実感できるだろう。恐れさえ手放せば、結局恐れる事態は起きてこない。なぜなら、思いが現実を作っているからだ。

「うまいことを言うな。そんな矢追の珍説が通用するわけがない」

あなたはそう言うかもしれない。どう考えようがあなたの勝手だ。しかし、私は自分の経験から得た事実を報告している。これは人の借りものではない。人から得た〝知識〟ではない。私にとって、事実は事実だからしかたがないのだ。

これをどう受け止めるかは、あなたの問題だ。が、もし私の言ったことを覚えておいていただければ、たいへんな危機に見舞われたとき、あなたは生き延びることができるだろう。

その証拠に、もう一つ私の体験を紹介しよう。

「死」を楽しむ余裕

言うまでもなく、妄想は現実ではない。実体のない幻想である。そもそも、どうしてそんなものを怖がる必要があるのだろうか。恐れがなければ、妄想はあなたにとって都合の良いものになっていくだけなのだ。

としたら、何が起きても怖くないはずだ。たとえ、死ぬような目にあったとしても。

母と妹たちと母子寮に暮らしていたときのことだ。当時、寮の近くにキリスト教の教会があり、そこの先生が近所の子どもたちにお菓子をくれるので、ときどき中学の仲間といっしょに遊びに行っていた。その教会の先生が「明日の日曜日に多摩川に遊びに行こう」と私たち中学生を誘った。教会の先生はまだ若く、二〇代の青年だったと思う。

当日、私たちは多摩川に集合した。ところが、前夜の大雨で川が増水し、流れが速くなっていた。とても川で遊べるような雰囲気ではなかった。

川は激流となっている。どこを見回しても川の中に入って遊んでいる人はいなかった。日の前の川の真ん中に小さな岩山が突き出た所があり、その上で子どもたちが騒いでいるのが見えた。

「ぼくたちも泳いであそこまで行こう!」

そう言うと、先生は川に入っていった。あとで考えると、岩山にいた子どもたちはそこに泳いで行ったのではなく、上流から流れてきて、たどり着いたのだった。

教会の先生が川に入っていったので、私たちも素直にそのあとをついていった。今考えると、分別のある大人がなんでそんなことをしたのか、まったく理解できない。魔が差したとしか思えない。案の定、川に入ったとたんに先生も私たちも次々に流された。

私は必死に泳いで岩山をめざしたが、濁流が渦巻く川の中ではどうすることもできず、どんどん流されていった。そのうち、泳ぐ力もなくなってしまった。

「もうこのまま死ぬしかないか」。そう思った。全身から力が抜けて、川の流れに身を任せた。もう抵抗してもしょうがない、と思ったのだ。

「人は死ぬときは死ぬ。当たり前のことだ」

近くでは、先生があっぷあっぷと濁流の中でもがいていた。私は無抵抗のまま、そのわきを流されていった。流されながら思った。せっかくの機会だから、自分が死ぬときの光景や、死ぬときの有様を一部始終しっかりと見ておこうと。

それまで私はたくさんの人たちが死ぬのを見てきたが、自分自身の死は経験していない。もしかしたら、これは絶好の機会かもしれない。そう思うと、ワクワクと楽しんでいる自分がいたのだ。

全身の力を抜いて任せ切っているので、私はスルスルと流されていった。岸辺では子どもたちが大声で遊びに夢中になっている。小鳥が鳴きながら上空を飛んでいった。私の視界の景色もどんどん流れていく。そのうち、足がザラザラとした土に触れた。立ち上がってみると、私は川の中ほどにできた砂州に流れ着いていた。

見ると、もう一人、いっしょに川に入った友達が近くに流れ着いていた。その子は疲れ果て、息も絶え絶えになってうずくまっていた。私はその友達を引きずって川を渡り、岸に上がった。川の対岸に着いてしまったので、橋をわたって引き返すことにした。

途中、遠くに人だかりができているのが見えた。橋を下りて、行ってみると、そこに先生が青い顔をして横たわっていた。もう息はなかった。発見した人が川から引きずり上げて、人工呼吸をしたが、まにあわなかったという。

その夜、友達といっしょに先生のお通夜に行った。すると、先生の親戚たちがみなで私たちをにらんでいる。川に入って流された生徒たちを助けようとして、先生が流されてしまった、という美談になっていたのだ。私たちは「すみません」と頭を下げて、家に戻った。

じつは、三〇代にも心筋梗塞で死にかけた経験がある。日本テレビの制作室で仕事をしていたとき、突然ものすごい激痛で胸が締めつけられ、身動きもできなかった。あとで考えると、軽い心筋梗塞だったのだろう。でも、心は冷静だった。こんなとき、いつも真っ先に思うのは「死ぬときはどうなっていくのだろうか」ということだ。私に恐れはなかった。それよりもこれからどのような展開になるのか……。死ぬとしたら、そのときにはどんなことが起こるのか……。しっかりと見ておこうという思いでいっぱいだった。

つまり、死すら楽しんでしまう余裕があると、なぜかいつも事なきを得てしまうのだ。

執着を手放す

じつは、妄想から目覚めて、ありのままのものをありのままに見るようになると、心から消えていくものがある。執着だ。お金に対する欲もなくなるし、名誉や名声も欲しくなくなる。プライドや見栄も消えてしまう。人に対する執着ももちろんない。気がつくと、私の場合、命に対する執着もなくなっていた。

一〇歳から一二歳までの満州での二年間にこうしたことが起きた。子どもだったので、執着もたかが知れているかもしれないが、それでも、そのあとの人生が大きく変わってしまった。生きていくことがとても楽しくなったのだ。つまらないと思うことがなくなってしまった。私のこれまでの人生で楽しさ以外のことを見つけるのは、不可能なほどだ。

人を取り巻くすべての状況は、天気と同じでつねに変わる。たとえていえば、この世のものはすべて「雪」のようなものだ。降るときもあれば、やむときもある。そして、時間がたてば雪は溶けて消えてしまう。雪はあなたを困らせようと降っているわけではないし、喜ばせようと思って降っているわけでもない。勝手に降って、勝手にやむだけだ。

そこにいちいち不安や恐怖を抱くのはあなたに妄想があるからだ。妄想が消えてしまえば、あるのはありのままの世界だけだ。そこには良いも悪いもない。

その執着のない世界がどんなに楽な世界であるか、あなたに想像がつくだろうか。たとえば、日の前にいくらお金の山を積まれても、私はそんなものにいっさい魅力を感じることはない。

お金がない場合も同じだ。実際、そんなものはなくてもなんとかなるからだ。私は日本に帰国してから、お金のために働いてきたが、それはお金を得るためというよりは楽しいからそうしたのだ。お金がなくて困ったことはない。必要なお金はなぜかちゃんと回ってくるのだ。

大学受験の場合も同じだった。落ちると心配している人は落ち、私のようになんの根拠もなくても受かると思っている人は受かるのだ。

妄想の世界は、あなたが好きな色をつけることができる。見たいように見ることができる。あなたの思い次第で、すべてが決まる。言うまでもなく、私が「思ったことはそのとおりになる」というのは、すべてが妄想だからである。同じ妄想なら、より楽しく素晴らしいほうがいいではないか。

ただし、その場合、楽しい妄想であっても目覚めていなければならない。我を忘れて妄想に囚われてしまうと、またもとに戻ってしまう。目覚めるとは、執着から自由になることなのだ。

もうおわかりだろう。命に対する執着がないというのも、投げやりになったり、命を粗末にするという意味ではない。簡単にいえば、未来を思いわずらうことなく、今この瞬間に全力を尽くすということだ。

宇宙はあなた次第ですべてが変わる。あなたが宇宙そのものなのだから。

あなたは自信があるか？

あなたは自信がおありだろうか。

いや、仕事の腕とか、音楽やスポーツの才能とか、器量の良し悪しとかではない。

あなたという人間自体に自信があるかどうかの問題なのだ。自信とは自分を信じると書く。

つまり、自信とは自分を信じることなのだ。もしあまり自信がない、というなら、「自分を信じられないような人間をだれが信じるか」という深刻な問題にぶつかる。

逆に自分を信じられる人、つまり、自信のある人はモテ人間になるだろう。

自分を信じられない人は、他人に頼るしかない。だからなんでも他人に聞いてしまう。

私は間違っていないか……私はこれでいいのか……みんなはどう思っているのか……など
など。

人の眼が気になってしょうがない。自分に主体があるのではなく、主体が他人になってしまっている。すでにお気づきのように、これでは自分がなくなってしまう。いったい、自分というのは何なのか、ますますわからなくなってくる。

ほとんどの人がこうした自己喪失の状態にあるのではないだろうか。だから、何一つ自分で決められない。迷いに迷って最後は他人に聞くハメになる。どうしてそうなってしまったのか……といえば、多くの人が生まれてこのかた、自分というものと真剣に向き合ったことが一度もないからだ。

考えてみれば無謀なことだ。「どういう仕事をしているか」とか、「何を得意とするか」などと考える前に、だれもが自分という人間をやっているはずだ。つまり、自分という人間を運営している。しかもそれは、あなたが死ぬまで続くのだ。

あなたの本分は、自分を、死ぬまできちんと健康で元気に運営していくことなのだ。にもかかわらず、多くの人がこの当たり前のことに気づいていない。あるいは故意に目をそらして意識を向けないようにしている。

あなたという運営主体の本当の実体がわからなかったら、何一つ決められず、何をどうしていいやら、見当がつかない。だから、他人に聞くしかないのだ。そして、もしうまくいかなかったら他人のせいにする。あるいは環境のせい、世の中のせい、世界経済のせい……なんでも自分以外のものに責任を押しつける。でも、いま論じているのはあなた自身のことだ。あなたのこれからの人生にあなたが責任を取らなかったら、だれがその責任を背負えるのか。言うまでもなくあなた自身しかいない。

自分の人生に、自分が責任を持つ。これが自分が生きていくうえでの当然の覚悟なのだ。その覚悟がないから、方向性がわからず、どっちへ行っていいのかわからず悩む。何をやるにも自信が持てない。覚悟ができていないから、他人のせいにしようといつも逃げを打っている。それでは自信が持てるわけがない。

答えはあなたの中にしかない

あなた自身というのはいったい何なのか？

その答えはじつはあなたの中にしかないのだ。メーテルリンクの『青い鳥』のように、あなたの外側にはいない。自分の中に帰ってみて初めてそこに発見できるのだ。

自分のことも、自分が本当は何を望んでいるのかも、宇宙も、世の中のことも……すべてはあなたの中にしかないのだ。だから他人に聞いても何一つわからない。むりやりわかった気になろうと努力するだけなのだ。

では、自信のあるモテ人間になるにはどうしたら良いのか。

じつは簡単なことだ。自分は本当のところ、死ぬまでを、「どのように生きていきたいのか」を、はっきりと決めるだけでいい。つまり、自分としてのポリシーを決めるのだ。その場合、家族のことや、ローンのこと、子どもの将来などは別だ。自分の人生なのだから、他人を気遣うことなく、本心から、自分と向き合って決めるべきだろう。

それさえ決まれば、一つひとつの問題に悩むことはないはずだ。そのポリシーに合うように生きていくだけでいい。

いちいち、他人に聞く必要もないのだ。人はそれぞれ違う眼と、違う生い立ちや環境に基づいて刷り込まれた先入観で世界を見ている。それに基づく世界観や人生観、倫理観なども他人とあなたとは異なる。あなたと同じ人は世界の七三億人もの中に一人としていない。だから、親子といえどもまったく違う考えで生きている。「みんなでいっしょに……」が無理なことはこれでもわかるだろう。

人はそれぞれ、自分の好きなように人生を過ごす自由がある。また、そうする権利がある。だから、他人の生きる権利も尊重しなくてはならない。その人はその人なりの好きな人生を送る権利がある。ただし自分の人生には自分が全面的に責任を持つことなのだ。

第五章　思いどおりに生きるコツ

便利で使いやすい人たち

人生を最高に生きるコツは、流れに身を任せること。たったこれだけ。他には何もいらない。ただし、目標だけは定めておかなくてはならない。目標が決まると、その目標に向かう見えない流れができる。その流れに身を任せていると、結局、思いどおりの人生を生きることができるのだ。

常識の世界で生きている人たちは、人生とは戦い・競争であり、そこで勝ち残っていくには、人より努力をし、がんばらなければならないと思っている。もちろん、これは妄想だ。家庭や学校で、何度もそうインプットされてきたからだ。そういう妄想を抱いている人は会社や国にとっては、便利で使いやすい人たちなのだ。

しかし、努力する人生ほど不自然で、大変なことがあるだろうか。

明日、生きているか死ぬかということすら、まったくわからないのに、なんのために努力をしなければならないのか。努力をしてがんばると、よけいな力が入って、物事が空回りして逆効果となる。はじめから努力などせずに、流れに任せたほうがいい。

いくら未来のことを自分の考えであれこれと計画し、それに向かって努力しても、ほとんど計画どおりの結果になることはない。「こんなはずではなかった」あるいは「あのとき、ああしなければよかった」などとぼやくことになる。

人生は思ったとおりになる。ただし、何度もいうようだが、目標だけははっきりと定めなければダメだ。目標を決めたら、あとは流れに身を任せればいい。すべてをゆだねて、あとは待っている。それが良い結果を得るコツなのだ。

私の人生では、つらい、さびしい、悲しい、苦しいは体験したことがない。そう思ったことが一度もないのは、いつも次に何が起こるのかがわからないから、ワクワクして待っているからだ。それに、努力をしたり、がんばるようなことは一度もしてこなかったからだ。それがヤオイズムなのだ。

もちろん、努力をすれば良いことがあるなら、私もそれなりに努力をしたかもしれない。しかし、努力をしないほうがもっと良い結果を得ることができるので、とてもではないが、努力などできなかったのだ。私はただ流れに身を任せて、生きてきただけなのである。

実際、流れに身を任せて生きていると、なぜかチャンスが訪れる。私の人生はこの連続なのだ。私が大学に入学したあとも、チャンスはいつも向こうからやって来た。

人生は考えたようにならない

「難関といわれる中央大学の法科に入学したのだから、これからは真面目になって良い成績を修めれば、一流の会社に入って、妹たち親戚たちを安心させることができる」などと私に忠告してくれる人もいた。

たしかに、私が興味を抱くようなことが少しでもあれば、一生懸命勉強したはずだ。しかし、大学の授業は私には無味乾燥のように思えた。それに、授業があっても学生たちはサボって雀荘に駆け込むのが毎日だった。これでは時間がもったいないような気がした。

もともと私は勉強をしないというのが一つのポリシーになっていたので、すぐに学校へ行くのをやめてしまった。

それでも私は大学を卒業できたし、今では一流企業の一つに数えられているテレビ局にも入社できたのである。これもただ流れに身を任せて生きた結果、そうなっただけなのだ。自分の道は自分の努力で切り開いていこうなどという大それた気持ちを抱いていたら、こうはすんなりいかなかったに違いない。

たとえば、私は大学の授業にはほとんど顔を出していないので、友人もほとんどいない。だが、唯一親しくなった友達がいる。彼は私が妹二人を引き取って、アルバイトをして生活していることを知ると、私に協力をしてくれた。

大学の授業に出ないでいると、ご存じのように最後には除籍処分となる。しかし、彼が私の代返をしてくれたり、出席票を書いてくれたりしたので助かった。流れに身を任せていると、なぜかこのようなことが起きてくるのだ。

私が大学に顔を出すのは試験のときだけだった。じつをいうと、授業に出ないばかりか、教科書すら持っていなかったのだ。大学四年間の授業で、教科書と呼べるようなものは一冊しか買ったことがない。それはペーパーカバーで安かったので記念にと買った、『日本国憲法概論』という本だった。それ以外は買わずに、飲み代に遣ってしまった。大学の教科書といっても、法学部の本はみんな値段が高く、とても買う気にはなれなかったのだ。
では、どうやって試験を受けたのか。試験の前になると、その親切な友人から一日だけ教科書を貸してもらい、それを一度読んだだけで試験に臨んだ。私のいつものスタイルである。彼は授業中に一生懸命ノートを取っていた。その大切なノートも貸してくれると言ったが、借りたことは一度もない。私はそれでも追試や落第になったことはなかった。それどころか、試験の成績はいつもそれなりに良かったのだ。全部、彼のおかげである。本当に親切な、良い人だった。

ところが、その友人は努力家で真面目で、授業は欠かさず出席して、私の代返までしてくれていたにもかかわらず、肝心の試験の日には遅刻をしてしまうようなところがあった。聞くと、前の晩に朝方近くまで勉強をして、寝坊をしてしまったという。そのために彼は大学もすんなりと卒業できず、夏になって追試を受けてやっと卒業できるような有様だった。

その後、彼は努力の末、かなりの年齢になってから税理士になった。彼の人生がやっと軌道に乗ってきたことを知って喜んでいたが、そのうち、彼が死んだという知らせを聞いて唖然としてしまった。いくら努力をしたからといって、人生は思うようになるものではない。このときは、しみじみとそう思った。

もちろん、努力をしたければすればいい。それはその人の自由である。

奇妙な就職活動

気の向かない努力をせず、一生懸命がんばったりせず、流れに身を任せるのがいちばんなのだ。

「矢追クン。たしか、君の名前、矢追クンというんだったよね」

「はあ、そうですが」

私がバイトをしていた市政会館のエレベーターに月に一度、必ず乗ってくる紳士がいた。その紳士が突然、私に話しかけてきた。大学四年生の夏のことだった。

「そろそろ就職、決まったの？」

「いえ、まだです」

当時、大学四年の夏ともなると、ほとんどの学生はすでに就職先が内定していた。私のようになんの就職活動もしない学生は留年が決まっているような人たちだった。私の場合は、親切な友人のおかげで、良い成績で卒業できる見通しがついていたが、就職のことなどまったく考えていなかった。どこに就職したいとか、どういう仕事がしたいとか、そんな考えすらなかった。

「キミ、日本テレビって知ってる?」

「いえ、知りません」

「一度、見に来てみる?」

流れに逆らわない主義の私は「はい。お願いします」と答えた。

当時はテレビ放送の草創期だった。いきなり、「日本テレビ」と言われても、それがなんなのか、私にはさっぱりわからなかった。今では信じがたいが、個人の家にはテレビがない時代だった。テレビは街頭テレビか、そば屋でそばの代金を払って見るのが普通だった。私がピンと来なかったのも不思議ではないのだ。

私はその紳士に誘われるまま、ある日、日本テレビを見学に行った。そこはモルタル二階建ての建物だった。隣に放送用の、高さ一四五メートルのばかでかい鉄塔が立っている。

ここでいったい何が行なわれているのか、私にはまったく想像がつかなかった。

やたらと天井の高い、がらんとしたスタジオにいくつか案内された。街頭テレビで、当時圧倒的に人気があった力道山のプロレス中継をときどき観たことがあったので、「そうか、力道山はここで戦っていたのか」などと思ってしまった。もちろん、力道山の試合はスタジオ撮影ではなく、試合会場からの生中継だったが、そんな区別すら私にはつかなかった。私に限らず、当時はテレビ放送についてよく知っている人など、ほとんどいなかった。

「どうだった？」

見学が終わったあとに、紳士から感想を聞かれた。

「すごいですね」

私はわけもわからず、そう言った。たしかにすごい場所だったからだ。

「キミ、この会社を受けてみたい？」と紳士が聞いた。

「……ハイ」

「それじゃあ、ぼくが推薦してあげよう。推薦者がいないと受験ができないから……」

「よろしくお願いします」

というわけで、日本テレビの入社試験を受けることになった。あとで知ったのだが、その紳士は日本テレビ著作権課課長の戸松信康氏だった。

日本テレビの入社試験は法政大学の講堂で行なわれた。中に入ると、広い講堂の端から端までびっしりと受験生で埋まっていた。おそらく何百人もいるに違いない。戸松氏が競争率は激しいと言っていたが、そのとおりだった。係の人に聞くと、このうちの一〇人くらいしか合格しないと言われた。

テレビの時代が始まろうとしていた。そこに早くも興味を示し、身を投じようとするのは、若い、新しい感性を持ち合わせている人たちばかりだった。

とはいえ、受験者の数に圧倒されて、自分には無理だと最初から諦めてしまう人もたくさんいたに違いない。私の場合、はじめからなんの感慨もなかったので、驚きはしなかった。

流れに身を任せていれば、なんの抵抗も起きてこない。何が起ころうと、自然に任せるだけだ。

試験が終わると、私はいつものように旅に出た。今度は九州一周の旅だった。旅の好きな私は嬉しくなって、試験を受けたことも忘れていた。いつものように、最後はお金がなくなって家に戻ってきた。すると、日本テレビから合格通知が電報で届いていた。が、なんと届いた日付は一週間も前だった。

合格通知を受け取っても、なんの連絡もしなければ、会社は私が就職を断わったと思ってしまうだろう。受験者はたくさんいたのだ。補欠の人もそれなりにいたはずだ。私は失格者となっている可能性があった。それでもダメモトで日本テレビに行ってみることにした。

テレビ局員としての運命が決まった瞬間

日本テレビの受付の人に案内されたのは、床が台本やら紙くずで散らかった、まるでゴミの山に埋もれたような部屋だった。あとでわかったのだが、目の回るような忙しさで使い終わった台本や資料を捨てる暇がないのだ。

ゴミの向こうに座っていた部長らしき男性の所へ行った。

「あのー……矢追と申しますが……」。すると部長らしいその人がニッコリして言った。

「君か、矢追くんというのは……。いやー、よく来た、よく来た」と機嫌がいい。

良かった、まだ諦められていなかった……とホッとした。

すると部長が聞いてきた。

「ところで、君はどの部署がいい？」

「ウッ……」と詰まった。どういう部署があるかも知らない。

でも以前、飲み会で、ＴＢＳの技術部に就職が決まったという高校の同級生が「テレビならやっぱり編成部がいいよな。番組を作るディレクターやプロデューサーにもなれるし……」と言っていたのを思い出した。

それで恐る恐る「あのー、編成部なんかはいかがでしょうか？」と言ってみた。すると部長の顔が急に曇って「そうか、編成部かー」とがっかりしたようだった。これはマズイことを言ってしまったかなと思っていると、「君……編成部もいいけど、演出部というのも面白いんだよ」と言った。そこですかさず、「演出部でもいいです」と言った。

この瞬間、私のテレビ局での運命が決まったのだ。当時、TBSでは演出部門は編成部所属だったらしい。日本テレビでは、演出部門は制作部に入っていた。そんなことを知らなかった私は、本当にラッキーだったとしかいいようがない。

すると部長が機嫌良くなって言った。「君、じゃあ今から働いてくれよ。いいだろ？」。あまりに唐突だったし、正式入社は来年の四月なのに……と思ったが、流れに逆らわず「はい……」と答えた。

「じゃあ、学生服もなんだから、これに着替えなさい」と汚いジャンパーを貸してくれた。それを着ると、あっちこっちから次々に用を言いつけられる。なかにはこれを経理に持って行ってハンコをもらってこい、というのがあった。だが、経理がどこにあるのかわからない。廊下でウロウロしていると、向こうから杖をついたご老体が来た。

「あの、経理はどこでしょうか？」と聞くと、「うーん、わしゃ知らんな」と言う。なんだかエラそうなオヤジだな……と思ったが、後日入社式で社長挨拶のとき、ミカン箱の上に立ったのがそのオヤジだった。なんと非正式入社の初日に、社長の正力松太郎氏に会っていたのだ。

思いどおりの人生を送るコツ

おそらく、みなさんは私の言っていることに矛盾のようなものを感じているだろう。「流れに身を任せて生きる」ことと、「思ったとおりの人生を生きる」ことは違うのではないか、と。言葉をそのまま受け止めれば、そうだろう。自然流とは、なんでも受け入れて、すべてをゆだねて生きることである。そこには何がなんでもがんばろうなどという思いはいっさいない。執着がない。それどころか、何も考えていない。何も決めつけていない。何が起こるのかを楽しもうとする好奇心のみだ。

一方、思ったとおりの人生を生きるとは、「こうしたい」という意志である。

ここが肝心な部分だ。「意志」と「執着を手放すこと」。この二つは矛盾するように見えるが、同時に正しいのだ。野球のスイングでいえば、力を抜かなければ打てないが、力がなければ鋭いスイングはできない。この矛盾を超えて見事なスイングをしているのが、天才的なバッターと呼ばれている人たちなのである。

私のいう「自然流」もこれだ。この章の最初に書いたように、流れに身を任せていると、なぜか結局は思いどおりの人生を生きることができるのだ。

そのためには、じつはコツがある。また、コツの話かと思われるかもしれないが、よく聞いてほしい。これは「コツのコツ」の話なのだ。

そのコツのコツとは、未来のことはなるべくならハッキリ決めないほうがいい、ということ。もちろん、世の中にはいろいろな願望実現の方法があるので、それらを否定するわけではない。これはあくまでも私流のやり方であることをお断わりしておく。

私がハッキリと決めないほうがいいと言うのは、明日がどうなるか、だれにもわからないからだ。この世のだれでも「自分がいつ、どこで死ぬか」は知らない。

その意味では、自分で未来を決めることなどできない。それどころか、未来をハッキリと決めてしまうと、逆にそれに縛られて自由に動けなくなってしまう。もっと大きな幸運がやって来ても、つかみ損ねてしまうこともあるだろう。つまり、流れに身を任せて自然流にとはいかなくなってしまうのだ。

私がお勧めするコツは、「形」ではなく「状態」をめざすこと。状態をゴールにするなら、あなたが抵抗しないかぎり、そのゴールに自然に引き寄せられていくだろう。

たとえば、私の場合、少年時代からずっとめざしてきたのは、「今という一瞬一瞬を楽しむこと」だった。ここには形はない。状態である。この状態からは無限の可能性が広がってくる。それに対して、そこに固有名詞をつけて形を与えてしまうと、限定的になり、可能性も限られてしまう。未来への縛りが生じて、努力をしなければいけなくなってくるだろう。

面白い番組の作り方

私は自然流のいいかげんさが好きだ。そのおおらかさがいい。実際、そのほうが人生が格段に面白くなるのだ。

のちのテレビ局での番組作りのコツも同じだった。先に細かくあれこれと調べてから番組を作ろうとすると、あとでその調べたことに囚われてしまう。こういったものを作ろうと決めてしまうと、決めたことに沿って取材がなされ、結局、予想したとおりの番組にしかならない。なんの驚きもない、当たり前で、つまらないものができてしまうのだ。

私は番組を作ると決めたら、もうそれだけだ。あとは何が起きるかを待っているのだ。作ると決める前には情報はいっさい入ってこない。が、いったん作ると決めてしまうと、不思議に世界中から情報が集まってくる。突然、外国の私の情報源から電話がかかってきたり、英字新聞の片隅の小さなニュースが目に留まったりするのだ。それらがたいてい面白い話だった。これも不思議としかいいようがない。

あとは、何も考えない真っ白な状態で、私は取材スタッフとともにいきなり一つの現地へ行く。現地で取材が終わると、さらに事態は思わぬほうへ進んで、取材をした人が今度は別の角度の驚くべき情報をもたらしてくれる。その連続で次々に取材ができていくのだが、次に何が起こるかわからない。番組を見ている視聴者も取材をしている私も次はどうなるかがわからないから、ドキドキ、ワクワクだ。結果、とても楽しい番組が自然にできてしまうのだ。

こうしたことは、事前に考えても予測がつくことではない。何も考えずに、流れに身を任せているからこそ起きてくることなのだ。しかも、あとで考えると、すべては絶妙のタイミングで進行している。まるで目に見えない演出家がいるかのようだ。

前述したように、私の就職までの流れもこれだった。私は理由もなく、直感的に大学へ行くことに決めた。その大学を卒業するころになっても、就職先を決めてはいなかった。すると、日本テレビを見学するように誘われて、わけもわからないうちに入社試験を受けて、気がついたらその社員になっていたのである。

しかも、そこには私にピッタリの仕事が待っていた。番組作りを通じて、私の少年時代からの目標である「一瞬一瞬を楽しむ」という生き方をより徹底的に追求できたからだ。

テレビの草創期にその世界に入り、その全盛期に私は「なんでも好きなことをしていいよ」という舞台をプレゼントされたのである。そうでなかったら、世の人々を驚かすようなＵＦＯや超能力を扱った番組など生まれてこなかっただろう。

ＵＦＯなんて、どうでもいい

人は私のことをあれこれと言う。

「矢追さんって、ＵＦＯを好きな人でしょ」

「ＵＦＯを追い求めて、世界中を駆け回っている情熱家だね」

「しかし、ウソか本当かわからないものに、いくらなんでもあそこまでこだわっているところが理解できないな」

この程度なら、まだいい。

「矢追さんの本当の正体は宇宙人で、昔は金星で暮らしていたらしいよ」

などと思っている人もいるかもしれない。

いずれにせよ、人は思いたいように勝手に私のことを思っているだけなのだ。どう思われても私はかまわない。それと実態とはまったく関係がないのだから。

断わっておくが、私はＵＦＯを好きだと言ったことは一度もない。また、ＵＦＯを追いかけ回して生きてきたわけでもない。私が見てきたのは、常識や科学といった思い込みの外にある、もっと広い世界だ。

人は妄想の中に生きている。それは視野狭窄の世界といってもいい。これが困るのは、放っておくとどんどん見える世界が狭まって、真実とはかけ離れた世界にいることに気がつかなくなってしまうことだ。

私がＵＦＯ番組を作ったのは、そんな視野狭窄の状態から多くの人に目覚めてほしかったからである。じつは、ＵＦＯそのものはどうでもいいのだ。

「自分の小さな足もとばかり見ていないで、ときには空を見上げて、そこに大きな宇宙があることに気がついてほしい」

そう思った。極めてシンプルな動機だった。

では、空を見上げてもらうにはどうしたらいいか。そこで思いついたのがＵＦＯだった。「宇宙人がＵＦＯに乗って地球に来ているかもしれないので、たまには空を見よう」と思った。その企画がうまく成功したので、次々にＵＦＯ番組を作っていっただけなのだ。

日本で「ＵＦＯ」という言葉を広めたのも私だった。今ではだれもがＵＦＯという言葉を知っている。辞書で「ユーフォー」と引けば、その意味も出てくる。しかし、一九七〇年代当時はＵＦＯと言ってもだれも知らなかった。「空飛ぶ円盤」というのが普通だった。そのため、番組の冒頭に「ＵＦＯとは空飛ぶ円盤のことである」というアナウンスを入れて、ＵＦＯというテロップも入れていた。それが日本国中に広まったのだ。おかげで、「あのとき、商標登録をしとけばよかったのに」などとよく言われた。

今では逆に「空飛ぶ円盤」などと言ったら笑われる。なぜなら、最近のＵＦＯは円盤型とは限らない。三角形やピラミッド型、あるいは得体の知れない形をしているものも多く、まさにＵＦＯ（未確認飛行物体）そのものなのだ。

私は人々の視野を広げてもらうために、常識では説明できない世界があることをテーマにした番組作りを始めた。それが最初はＵＦＯであり、さらに超能力や超常現象へとつながり、秘境やＵＭＡ《ユーマ》（未確認動物の略）の番組へとなっていったのだ。

しかし、私が自分の力で面白い番組を作ろうと努力をしたら、こうしたヒットは生まれてこなかったと思う。私は自分の作った番組が当たろうと当たるまいと、結果や視聴率には関心がなかった。ただ、努力だけはしないことにしていた。もっといえば、なるべく仕事をしないようにしていたのだ。

「矢追、そろそろ次の仕事をしろよ」

上司からそう言われて、たいてい次の仕事が始まった。自分から企画を持ち込んだことはない。

「何をやりましょうか」

「そうだな。またUFOでもやったらどうだ?」

「わかりました」

たいがいはこんな感じだった。

いくら考えたところで、良いアイデアなど出てこない。何も考えなくなったときに、向こうから勝手にやって来るのがインスピレーションによるアイデアである。私はそれをよく知っているので、直前まで何も考えないようにしていたのだ。

まさかと思われるかもしれないが、本当だ。

一大センセーションとなった、あのユリ・ゲラーの「スプーン曲げ」の企画も、もちろん何も考えていないからこそ生まれてきたのだ。

まだだれも経験したことのない現象

ご存じのようにユリ・ゲラーは彼の持つ超能力で一時代を築いた人だ。一九七四年、私は彼を日本へ初めて呼んで、その驚くべき能力をテレビカメラの前で披露してもらった。学者も交えて、「スプーン曲げ」の公開実験をしたのである。

このときの私の番組作りの手法を知っていただければ、私のいう「自然流」の意味がもっとよくわかってもらえるかもしれない。

当時、ユリ・ゲラーはまだ無名の人だった。超能力という言葉も、もちろん「スプーン曲げ」の意味も知られていなかった時代だ。そんなときに、私はアメリカからユリを呼んで、まだだれも見たことがないスプーン曲げを全国に生放送することにしたのだ。

注目すべきは、この番組はたんにユリがパフォーマンスを見せるだけではなかった。テレビの前の視聴者に、スプーンやフォークなどの金属製のものをあらかじめ用意しておいてもらい、視聴者もユリといっしょにスプーン曲げをしようという企画だったことだ。これは当時の常識ではまったく考えられないことだった。

番組が始まると、早くも異常な興奮が生まれた。だれもが瞬きもせずに、ユリの動作を見つめた。日本中が彼を見つめていたといっていい。その中で、ユリはおもむろに頑丈なフォークを手に取り、パフォーマンスを始めた。まさに緊張の連続だった。

興奮のまっただ中で、頑丈なフォークの柄がグニャグニャにやわらかくなり、最後にプツンと折れてしまった。そのときの驚きには賛嘆と喜びと、そして笑いまでもがいっしょくたになっていた。とんでもない熱気が日本全国を包んでいたのだ。

その雰囲気をありのまま再現するのはもはや難しい。まるでキリストの奇跡を間近に見たかのような驚きが、そこにはあったのではないだろうか。

まもなく、スタジオに用意された電話がいっせいに鳴りはじめた。

「私もスプーンが曲がった！」

「子どもがフォークを簡単に曲げてしまった！」

「壊れたドライヤーが直った！」等々。

視聴者が次々に自分の体験を報告してきた。二〇台用意していた電話はすぐにパンクした。

テレビ局の電話回線まで飛んでしまって、ＮＴＴから苦情がきた。

まだだれも見たことがない、まだだれも体験したことがない不思議な現象が、テレビ画面のこちら側と向こう側とで同時に起きてしまったのである。

科学の常識をひっくり返す

ノートルダム清心女子大学教授（当時）で、バイオフィードバック心理学者の濱野恵一氏は自著（『脳とテレパシー』河出書房新社）でそのときの様子をこう記している。

「おそらく読者のみなさんもはっきりと覚えているはずだ。あのユリ・ゲラーが来日して、テレビ番組に生出演したときのことである。

その晩、私の帰宅は夜の九時ごろだった。家族はやや興奮していた。当時一二歳だった次女が、ユリ・ゲラーの番組を見てスプーンを曲げたというのだ。居間に入ってみるといくつかのスプーンとフォークがたしかに曲がっていた。大型の頑丈なスプーンが飴のように曲げられていたし、折れているフォークもあった」

濱野氏は学者として、こうしたことには否定的ではなかったが、さすがに自分の娘がスプーン曲げをした事実に驚いて、興奮したと記している。そこで後日、冷静になったところで、もう一度、娘さんにスプーン曲げの実験をしたのである。

「たしかにスプーンは私の目の前で曲がった。彼女が親指と人差し指でスプーンの首をはさみ、軽くこするように動かしていると一分もしないうちに曲がってしまったのだ。

あのとき、次女がスプーンを曲げたのは特別なことではなかった。全国の七歳から一二歳くらいまでの子どもが、あっけなくスプーンを曲げてしまう様子がテレビでも盛んに放映されたのだ」

この番組の前と後とでは、明らかに時代の空気が変わってしまった。濱野氏はさらにこう記している。

「当時、世間ではこのスプーン曲げが『インチキだ』『いや本物だ』というので大騒ぎになった。マスコミは大勢の学者や知識人を動員して、スプーン曲げの真偽を『科学的に』解明しようとした。

しかし、じつはあのとき、われわれはもっと重大な事実に気づくべきだった。ユリ・ゲラーのショーが本物であったかイカサマであったかなどよりも重大なことだ。それは、彼のテレビ出演が大勢の子どもたちにある強い影響を与えたという事実だ。間違いなく、あの影響は本物だった。そのことに、われわれはもっと注目すべきだったのである。

もっと具体的にいうならば、あのときわれわれは、子どもを通して既存の科学的常識を打ち破る未知の可能性に出会っていたのだ」

濱野氏の言うとおりだ。私たちはあのとき、科学の常識がひっくり返った瞬間を目撃しただけでなく、それを自ら体験したのである。

でなかったら、あのような熱気は生まれなかったろう。そこには、明らかに現実の重苦しい常識を打ち破ったことによって生じた解放感まで混じっていた。多くの人が心の底からワクワクしていたのだ。

もちろん、ここまで予期して番組を作ろうとしてもできることではない。まさに自然流の結果なのだ。

じつをいうと、私は何もしていないのだ。すべてはぶっつけ本番だった。台本は白紙。何も決めていない。私がこの特別番組のためにしたことといえば、スタジオとセットを決めたことと、ゲストのブッキング、それに視聴者からの電話を受けつける女性を二〇人ほど手配しただけである。他には何もしていない。私はすべてをユリに任せ切ったのだ。

何が起こるか、だれにもわからなかった。これからユリという青年がすることをただナマで放送するだけの番組だったのだ。その意味では、すべてがハプニングだった。興ざめするかもしれないが、じつはユリ自身にとっては、金属を曲げることなど、数秒でできるささいなことなのだ。ふだんのユリはスプーンなど数秒で曲げてしまう。

しかし、それでは番組として間が持たなくなる。ユリは私のために、あっというまにできることを、わざと仰々しく、一時間かけて実演してくれたのだ。

ちなみに、この番組ではナイフやフォーク以外に、壊れた時計を視聴者に用意してもらっていた。これもいっしょに直そうというのであった。

実際、スタジオでも、ユリのパフォーマンスによって壊れた時計が動き出した。すると、茶の間からも、

「電池の入っていない壊れた時計が動き出した！」

という報告が続々と電話で寄せられたのだ。

たしかにスプーン曲げもすごいのだが、壊れた時計が動き出すというのも絶対にありえない、不思議議現象そのものだった。なぜか、のちにこれについて議論されることはなかった。

それに、いつのまにか命名された「スプーン曲げ」という呼び名も奇妙だった。なぜなら、ユリが最初のテレビ番組で曲げてみせたのは、スプーンではなくフォークだったからだ。

あなたは待っているだけでいい

「こんりんざい、努力などしてたまるか！」

「根性など、くそくらえ！」

自然流で生きるには、あなたは強くそう決意しなければダメなのだ。流れに身を任せて、徹底的に身をゆだねるのである。

人生では、何度も壁にぶち当たるものだ。人はみなそう言う。私もそれは否定しない。たしかに良いときもあるし、悪いときもあるのが人生だ。だからといって、日の前に立ちふさがる壁を努力して乗り越えたり、その壁を打ち壊すような根性を見せる必要はない。

「壁を乗り越え、壁をぶち破ったときに、素晴らしい未来が待っているのだ」などとあなたにアドバイスする人がいるかもしれない。そんな言葉にだまされてはいけない。あなたがその言葉に感動するとしたら、まだ妄想のまっただ中にいて、真実に目覚めていない証拠である。

私が主宰している「宇宙塾」では、壁が前に立ちふさがったら、乗り越える努力などしないで、サッサと迂回して他の道を行けばいいと教える。あなたがゴールを決めたら、そして流れに抵抗さえしなければ、自然にゴールに着いてしまうからだ。私にとって、ユリ・ゲラーとの出会いもまさにそれだった。

「その青年は、手を触れずに金属を曲げたり、どこに入っているかもわからない鍵を探し当てたり、他の場所で書かれた隠された文字を読み取ることもできるんだよ。信じられないことだが、彼はそれらをわれわれの前でやってみせた」

アポロ14号で月面着陸を果たした元宇宙飛行士のエドガー・ミッチェル氏が、私にそう話してくれた。

きっかけは英字新聞だった。一九七三年、私はたまたま英字新聞で、エドガー・ミッチェル氏が私費を投じて、超能力などの科学が扱わない未知の分野を研究する施設（非営利法人純粋理性研究所）を作ったという記事を読んだ。月面を歩いたアメリカの英雄と超能力という、意外な組み合わせが面白かった。私はすぐにカメラマンを連れて、アメリカのカリフォルニア州パロアルトにある彼の研究所へ取材に飛んだ。

その取材の過程で、超能力を持つイスラエル青年の話が出てきたのだ。

「われわれは密封された透明なガラスの箱の中に、完全な平衡を保っている精密な秤を入れた。手を触れずに、彼がガラス箱の中の秤を動かせるかどうかの実験をしたのだ。すると、彼が見つめるだけで、秤の平衡が崩れてスッと動き、止まってしまったんだ。もし、二つで平衡を保っている重りのどちらかの一部がたとえ〇・〇〇〇一ミリグラムでも消えてそうなったとしたら、理論上、原爆並みの爆発が起きてしまうはずだ。科学的にはありえないことがわれわれの前で起きたんだよ」

ミッチェル氏はスタンフォード大学と共同で、青年の超能力について調べていた。じつは、研究の過程で、スタンフォード大学のコンピュータから一部のデータが何ヵ所か消えてしまったことがあったという。そんなことができるのは、その青年しか考えられない。青年を問いつめると「私は知らない」と言い張った。

言うまでもなく、その青年がユリ・ゲラーだった。

ミッチェル氏はユリの能力について、熱く語った。ミッチェル氏は博士号を持つ科学者でもある。私はぜひともユリの取材がしたいと申し出た。しかし、話はそれで終わりだった。

ユリ・ゲラーは研究所にはいなかったのだ。「科学的実験だかなんだか知らないが、何日も何時間も拘束されて一銭も報酬をくれないから、メシが食えない」と怒って出て行ってしまったという。無理もない話だ。連日、実験で拘束していたにもかかわらず、ユリには報酬を一文も支払っていなかった。

私が「博士、それはダメだよ」と言ったが、ミッチェル氏は「そんなものかな」と憮然としている。博士も学者バカなのだろう。

では、ユリはどこへ行ってしまったのか。ミッチェル氏も知らないという。私はその瞬間、あっさりと諦めた。

壁が立ちふさがったら、乗り越えず迂回するというのが自然流。さっさとニューヨークへ行くことにした。

そこには心霊科学研究所があり、幽体離脱ができるアレックス・タナウスという超能力者がたまたま訪れていることをミッチェル博士から聞いたからだ。

タナウス氏との取材を終えた夜、研究所主催のパーティーがあるから来ないか、という誘いがあった。そのパーティーに出席したときのことだ。

「あなた、日本人でしょ?」

隣に座っていた太ったアメリカ婦人がいきなり私に話しかけてきた。

「私の友達に日本人の女の子がいるんだけど、あなたと話したがっているの。電話に出てくれる?」

彼女が差し出す電話に出てみると、相手は日系の女性で、日本語はまったく話せなかった。

たぶん二世か三世なのだろう。日系の彼女は日本人と話がしたかっただけなのだ。しばらく英語でたわいもない会話をしているうちに、私が聞いた。

「ところで、あなたはどういう仕事をしているの?」

すると彼女は、「ユリ・ゲラーという人の秘書をしている」と言ったのだ。

こんな偶然があるだろうか。すべてがあらかじめ用意されているように進行する。これが自然流の生き方の典型的な例なのだ。

数日後、ニューヨークの一番街にある高級マンションで、ユリに会った。ユリは私に会うなり、ハグをしてこう言った。

「待っていたよ、ジュン。ぼくには君が来ることが夢でわかっていたんだ。どうしてか、わかるかい。君とぼくとは前世で兄弟だったんだよ」

第六章　一子相伝を起こそう！

不思議な私の謎を解く

　ここまで読んでくると、おそらくあなたはこんな感慨を抱くようになっているかもしれない。矢追純一は不思議な番組をたくさん作ってきたが、それ以上に不思議なのは矢追自身なのではないか、と。

　おそらく、そうだろう。「不思議」とは自分の知らないことをいう。自分の知識にないことはすべて不思議で片づけてしまう。だが、自分の知識は残念ながら浅い。となると、世の中のほとんどは不思議なのだ。私のことをよく知らないから、「矢追純一は不思議な人間」なのだ。そして、「不思議」とは、仏教では「言葉では言い表すことのできない、最上級の素晴らしいこと」を意味するのだ。

私に起こったことはすべて素晴らしい！　素直にそう言える。決して自慢ではない。なぜなら、私は自分の人生でつまらなかったことやつらかったことが思い出せないからだ。私の人生は楽しいこと、ワクワクしたこと、それに感動したことばかりだったからだ。

なぜ、そうなってしまったのか。ある日、私の中からすべての恐れが消えてしまったからだ。そして、私の人生でもっとも不思議なのが、この現象が起きたことだ。私の中からすべての恐れが消えてしまったことだ。

本書の冒頭で記したように、あなたは私に起こったこの現象の謎を解くことができたろうか。

「私の中からどうして、あらゆる恐れが消えてしまったのか」

その答えをあなたは見つけ出すことができただろうか。

おそらく、あなたはわかったと思っているかもしれない。私が一〇歳から一二歳の間に、満州で貴重な体験をしたからだ、と。

だとしたら、あなたは私の謎をまだ解いていない。なぜなら、その程度の理解では、あなたの中からすべての恐れが消えるとはとうてい思えないからだ。

もしこの謎を解いたら、あなたにも私と同じことが起こるに違いないと第一章で記した。では、あなたにそれが起きただろうか。あなたの中から少しでも恐れが消えていっただろうか。そうなっていないのなら、あなたは矢追純一の本当の姿を知らない。まだヤオイズムに触れていないのだ。

赤色とは何色か?

私は東京電機大学の有名な教授に次のような質問をしたことがある。

「先生、なぜ、電気はあるのですか?」

いくらなんでも電気の大家にこんな初歩的な質問をするのは場違いな気もしたが、あえてそうさせていただいた。じつは、第四章で記した私の母校である高校(当時は電機学園高等学校といった)が、今ではこの大学の附属高校になっている。それで、少々気やすく質問をさせていただいたわけだ。

しかし、教授の答えは、横綱が格下の力士にいきなり身をかわして勝つような、あっけないものだった。

「残念ですが、お答えできません。そうした研究は電気学の範囲にはないからです」

それで終わりだ。

つまり、電気学というのは、「最初から電気というものがこの世に存在するということを前提として、それがどういう働きをして、どういう法則性を持っているか」を研究する学問なのだ。電気がこの世に存在する理由やその真理を追求するものではないのだ。

これは電気学の分野だけではない。科学と名がつく他の分野でもみな同じである。それがなぜ存在するのかという根源的な問題については追求しない。追求してもわからないからだ。世の中はわからないことだらけだ。わからないのに知った気になっているのが、実際の世の中の仕組みなのだ。

たとえば、あなたは「赤」という色を知っているだろうか。たぶん、知っていると思うだろう。

しかし、知っているなら、その色を説明できるだろうか。絶対にできはしない。赤色というイメージを説明することは不可能だ。あなたは「赤いから赤」と子どものときから思っているだけなのだ。これは第三章で紹介したクオリアである。

そもそも私が見ている「赤」と、あなたが見ている「赤」が、同じ赤だという保証すらない。

私には「青」と見えているものが、あなたには「赤」に見えているのかもしれない。その上、赤いという概念も人によって違うので、同じ赤いものを見てもお互いに微妙に異なる赤をイメージしている。みんなが同じ赤を見ているというのは錯覚にすぎない。あなたの見るのと同じ赤はこの世にあなた以外には存在しないのだ。それでも人との会話の中では話が通じるので、「赤がどんな色か」いちいち説明しないですんでいるだけなのだ。脳の専門家ですら、この事実を認めている。

ということは、私とあなたが違うように、見えている世界も私とあなたとではすべて違う。同じ世界にいるようでいて、私とあなたとは別の世界にいるのだ。

何度も言うように、あなたは妄想の中にいる。大切なのは、それに気がつくことだ。つまり、妄想から目覚めることだ。目覚めれば、恐怖も消える。なぜなら、恐怖は妄想の最たるものだからだ。

私に起こったことがあなたにも起こる

生きるか死ぬかのときに、あなたはどうするか。

もちろん、逃げ道があれば、逃げるだろう。しかし、その逃げ道すらないとしたら、どうするだろうか。覚悟をするしかあるまい。

生きるか死ぬかを決めるのだ。

ここで、大切なことは何か。選んだ結果ではない。何を選んでもいい。大切なことは、選ぶことそのもの。自分で選ぶことだ。それが覚悟だ。妄想に支配されていると、自分で人生を選んでいるようでいて選んではいない。そこには覚悟がないのだ。

強い覚悟が持てれば、妄想から目覚めることができる。真実が見えてくる。自分を知ることができる。そうなれば、あなたが好きなように生きることができる。好きな選択ができる。いやでもあなたの人生は素晴らしくなってしまう。そうなったときに、初めて自然流で生きることができるのである。

覚悟ができなければ、どこへ行ったらいいかもわからない。人のあとをついていくだけだ。右へ行けと言われれば右へ。左へ行けと言われれば左へ。これを付和雷同という。そういう人は、何かいやなことがあると、すぐに他人のせいにしたり、社会のせいにする。覚悟がないからだ。覚悟とは、「目覚めて悟る」と書く。文字どおり、今の自分に目覚めることによって悟ることなのだ。

覚悟をした人、つまり目覚めている人は、根源的なエネルギー（宇宙のエネルギー）と直結するから、その流れに乗っていくことができる。いわばカンの良いサーファーのようなものだ。良い波を見つけたら（覚悟をしたら）、あとはその波に逆らうことなく、それに乗っていく。これが自然流だ。それは理屈ではない。

だから、あなたもここで目覚めることをお勧めする。私が一〇歳のときに目覚めたように。そうすれば良い波に乗ることができる。

それは、何がなんでも自分で生きるという強い覚悟だ。天変地変ですべてが破壊されようが、戦争ですべてが灰燼《かいじん》に帰そうが、自分で自分を生かすという強い決意をするのだ。

私の母は、猛然と私にこれを迫った。そのとき、私は何も知らない子どもだったが、年齢は関係ない。人間は人間である。若くても年を取っていても、今それをすべきなのだ。

自分の人生なのだから、自分でどのように生きていくかを決める。そして、自分の人生に責任を持つ。それが自信というものだ。そこを避けると、他人や社会のせいにしようとして、人が自分をどう見るかだけが気になる。結果、自分を見失ってしまう。

とはいえ、「自分のような意気地なしには絶対に無理だ」。そう思う人も多いだろう。安心していただきたい。ここまでこの本を読んでいただいたあなたのために、ここでさらなる奥の手を紹介しよう。じつは、この本を読んでいるあなたは、私を介してすでに宇宙のエネルギーにつながっているのだ。なぜなら、目覚めている私は宇宙のエネルギーとつながっている。そして、私のこの本を読んでいるあなたもそのエネルギーの影響を受けないわけにはいかないのだ。

大工、刀鍛冶などの技能、また武道、舞踊、落語などの芸事の世界で、師匠と呼ばれた人たちは弟子たちに手取り足取り、自分の技をていねいに教えることはなかった。なぜなら、師匠が持っている技能は、口で説明してもわかるものではないからだ。

それではどうしたか。弟子たちは師匠のそばで何年も生活をともにして、師匠の世話をしながら、その技術を「盗む」のだ。

これはある意味とても大変な「修行」のように思えるが、じつはとても「楽な行為」でもある。なぜなら、優れた師匠につけば、その師匠が持つエネルギーが自然に弟子にも伝わっていくからだ。じつは、盗んでいるのではなく、「感染」しているのだ。「一子相伝」というのも、これである。

私が一〇歳のときに起きたのも、これだと思う。私は私の母から自分の根源につながるエネルギーを受け継いだのだ。

今、あなたがこの本を読んでいるということは、あなたも根源的なエネルギーにつながるタイミングにきている。それを受け入れることができれば、あなたと私の間で「一子相伝」が起きるのである。

ヤオイズムの〝六つの奥義〟

一子相伝とは「技芸の奥義を自分の子どもの一人だけに伝えること」と辞書には記してある。あなたと私とは親子ではないが、この際、言葉にはこだわらないでほしい。年齢にもこだわらないでほしい。私はあなたに宇宙のエネルギーの波に乗って、ラクに気持ち良く生きていただきたいだけなのだ。

あなたはその宇宙エネルギーに逆らわない自然流の生き方に感染したいと無意識に思ったから、この本を選んだのだ。そこで、私とあなたとの間で、「一子相伝」を起こしやすくするために、次の六つのことを提案したい。

①【自分を安売りしない】

人のために尽くすことが美徳だと思っているなら、まだあなたは妄想を手放すことができていない。人のため、友人のため、家族のため、両親のため、社会のため、国のために、自分を犠牲にすることはない。大切なのは、あなただ。あなたが自分を大切にしなかったら、これほど悲劇的なことはないだろう。

なぜなら、あなたの思いがこの宇宙を作っているからだ。あなたが自己の素晴らしさを認めず、自分をかけがえのない存在として大切にしなかったら、だれもあなたの価値を認めなくなってしまう。

この地球には七三億の人間が暮らしている。妄想の中で暮らしていると、そのおびただしい数に圧倒されて、自分がちっぽけな、つまらない存在に見えてくる。

ところが、この本を読み、強い覚悟が生まれると、逆転した世界になる。世界には七三億というおびただしい数の人がいるのに、あなたという存在はたった一人しかいないことに気がつくのだ。あなたのユニークさ、あなたの素晴らしさに気がつくことができるのだ。

この見方の違いがわかるだろうか。どんな有名人がいようが、どんな偉い人がいようが、またどんな美しい人がいようが、あなたにとって「あなた」以上に重要な人はいない、ということに気がつくのである。

②【人のせいにしない】

覚悟がない人は、他人に依存して生きている。そういう人は何かいやなことがあると、すぐに人のせいにする。あるいは社会のせいにする。すべての原因が自分にあり、自分に責任があるとわかっている人は覚悟ができている。恐れや不安のとりこになるのは、自分で自分の人生に責任を取らないからだ。逃げることばかり考えているのだ。

あなたは自分から逃げてはならない。

③【他人を尊重する】

「自分を安売りしない」ことと同様に大切なのは、「他人を尊重する」ことだ。じつは、これができていない人が自分を高く評価できずに相手のいいなりになって、自己を犠牲にしてしまう。なぜなら、相手とは姿を変えた自分だからだ。

あなたはあなたの宇宙で暮らしている。その世界であなたが見るものすべて、出会う人すべてがじつはあなたなのだ。この世界にはあなたの意識しかない。あるのは、あなたの思いだけなのだ。だから、あなたの思いですべては変わる。

もちろん、そんな悟ったような見方はできないとあなたは言うかもしれない。それでもかまわない。その場合は、そう考えたほうが得だと思えばいい。実際、相手を尊重する人は人からも尊重される。結果的に、人を尊重する人は自分も尊重することになるのだ。

尊重するとは、ありのままの相手を認めてあげること。良いとか、悪いとかの判断をすることではない。

「あなたは今のままのあなたのままでいいし、私は今のままの私でいい」と素直に認める。

ただそれだけのことだ。

④【自分がいやなことを人にはしない】

他人が自分だと思えば、自分がいやがるようなことを人にすることができなくなる。そうすれば、人からいやなことをされなくなるだろう。また、人のいやな面を見ても許す余裕が生まれるだろう。なぜなら、人のいやな面が見えたとしたら、それはあなたの中にもあるからだ。

これらのことがわかれば、笑顔の大切さもわかってくる。人と接するときに笑顔を忘れないようになる。

⑤【ポリシーを持つ】

車の運転を知らないチンパンジーが猛スピードで車を走らせているとしよう。チンパンジーにはそれなりの知恵があるので、運転席には座っているが、握っているハンドルがなんなのか、足で押しているアクセルがどのようなものなのかがまったくわかっていない。しかし、気がついたら車は猛烈なスピードで走っているのだ。これではどこへ行くかもわからないし、どこかにぶつかってしまうかもしれない。こんな恐ろしいことがあるだろうか。こんな不安なことがあるだろうか。

もしあなたが「自分がどのように生きていくか」についてのポリシー、つまり方針を持っていなかったとしたら、失礼ながらあなたはこのチンパンジーと同じようなものだ。自分がどこへ向かっているのか、そこへ行ってどうなるのかがわからないにもかかわらず、時間はどんどん猛スピードで進んでいるので、わけのわからない不安や恐れに苛《さいな》まれることになるのだ。

第五章で、自然流について話したが、ここでいうポリシーとはそれだ。あくまでも生き方であって、何かの形をめざすわけではない。自分の方向性を決めることなのだ。このポリシーについては、このあと別の角度からもみてみよう。

⑥【考えない】

人間の最大の弱点は、どんな問題も考えればなんとかなる、と思っていることだ。しかし、実際には考えてもろくなことはないのだ。よく考えるときというのは、悩んでいるときだ。

そして、悩めば悩むほど問題は複雑になっていく。

だったら、最初から考えないほうがいい。考えるのをやめると、悩みは消える。悩みとは妄想だからである。実際、悩んでいないときは、あまり考えないものだ。考えはじめると悩みが生じてくる。つまり、考えれば考えるほどわからなくなるのだ。これも妄想のなせる技なのだ。

考えるというのは自分の知識の中でその一部をアッチへやったりコッチへやったりすることだ。でも自分の知識はたいしたことはない。生まれてから今までの間に知りえたわずかなことにすぎない。それで、世の中だの世界や宇宙とわたり合おうというのは無謀としかいいようがない。

思考はいらない。もともと考えなければならないことなどないのだ。思考があるので、恐れや不安が湧いてくる。思考とは、未来への恐れや不安、そして過去についての後悔だ。

いずれにせよ、良いことはない。それでも人はあれやこれやと考える。なぜかといえば、人間はバカな生き物だからである。頭が良いと思っているバカな生き物だからだ。だから、一生懸命考えてしまう。

私は自分がバカだと気づいているので、考えることはしない。自分ほどバカな人間はいないと心底思っている。

なぜバカなのか？　自分がいつ死ぬかわからないからだ。なのに先を考えてクヨクヨする。バカの証拠だ。

⑤で述べたポリシーとは、おおまかなゴールのようなものだ。そのゴールを定めたら、あとはできるだけ何も考えず、ボーッとしていればいい。そうすると自然の流れがちゃんと働いて、あなたをゴールに導いてくれる。宇宙のインターネットにアクセスして、良いアイデアも出てくるのだ。

思考も手足と同じ道具だ。道具は道具として使うべきだ。言うまでもなく脳は、胃や肝臓と同じ臓器の一種である。

ところが人間の場合、本来は道具である脳に乗っ取られて、思考が自分だと思い込んで、悩んでいる。悩みは妄想であり、あなたではない。思考の支配から自由になって、宇宙のエネルギーと直結しているあなたが本当のあなたである。そのあなたが思考を支配下に置くべきなのだ。そのためには、ふだんからよけいなことは考えないようにすることだ。

私にとって必要な考えは、段取りを決めることだけだ。今日のスケジュールはなんだっけ？とメモを見る。チェックするだけだ。あとはやるべきことの効率的な順番、つまり段取りを決めるだけで十分なのだ。一日五分ですむ。

宇宙につながる方法

だいぶ前になるが、ニュージーランドの奥地にこれまで発見されたことがない美しい滝が見つかったと話題になったことがあった。

この場合、滝は人間に見つかる以前もあったのか、なかったのか。だれかが見つけるまで、滝はなかったと同じだ。滝を美しいと思う人がいなかったら、そこに滝があることもわからないだろう。

この世の仕組みは、すべては人間がいて初めて成り立つのだ。これを「人間原理」という。この原理はもっと端的にいうなら、すべてはあなたという人がいて初めて成り立つということである。宇宙といえども例外ではない。あなたがいるから宇宙がある。あなたは一人ではない。あなたは宇宙のすべてとつながっているのだ。

これは頭で考えたらわからない。思考から解放されると、あなたは宇宙とつながっていることに気がつくだろう。

そこで、お勧めしたいのが瞑想だ。思考から解放されるには瞑想がいちばんだ。最初は難しいと思われるかもしれないが、毎日続けているうちに、その素晴らしさがわかるだろう。

【瞑想のやり方】

まず、静かな環境が必要。二〇分ほど、テレビや電話などの音にじゃまされない空間を用意する。静かな場所なら、トイレでもかまわない。

姿勢は床にそのまま座るか、イスに座る。床に座る場合はあぐらをかいてもいいし、正座でもいい。いずれにせよ、大切なのは背すじを伸ばすこと。あるいは、骨盤をしっかりと立てること。

座ったら、目を軽く閉じ、肩の力を抜く。そして、なるべく長く腹式呼吸をする。ゆっくり鼻からおなかへ息を吸い、おなかから吐く。なるべく呼吸に意識を向けながらひたすらボーッとするのだ。これを二〇分ほど続ける。

【注意点】

座って目を閉じている間に、いろいろな雑念が湧いてくる。瞑想の初心者は自分でもびっくりするほど、いろいろな雑念が湧いてくるに違いない。その雑念を追いかけてはいけない。

そのままにしておく。ふだんのあなたは、そうした妄想の中で暮らしているのである。瞑想中はその中に取り込まれるのではなく、外から眺めて、放っておくのだ。

これまで溜まっていた心の奥底の思い（妄想）が次々に表層意識に浮かび上がってくるだろう。深海の泥の中に溜まっていたガスが小さな泡となって上昇していくように、私たちの深層意識に溜まっていた妄想が意識に昇ってきては消えていく。

雑念があまりにも激しくて、瞑想ができないというのなら、いわゆるマントラ（呪文のようなもの）を心の中で唱えるといい。マントラとは意味のない言葉を頭の中で繰り返すことだ。はじめはゆっくり、だんだんと速く繰り返す。マントラにはいろいろなものがあるが、あなたが唱えやすいもので選ぶといい。それこそ「南無阿弥陀仏」でもいいし、インドの教典に出てくるようなものでもいい。「ありがとう」という日本語もおすすめだ。

意味のあるものもあるが、意味に囚われないように無意識に繰り返すとよい。

こうした瞑想をできるだけ毎日続けよう。二〇分続けるのが難しいなら、最初は五分でも一〇分でもいい。すぐに結果を期待しないで、とにかく続けよう。瞑想を毎日続けているうちに、いつか頭の中が真っ白になった瞬間を経験するだろう。言葉で表現するのは難しいが、そのときあなたは宇宙とつながっている。

あなたはどうしたいのか

多くの人が本当の自分と向き合うことを避けている。本当の自分を知るのが怖いのだ。

これまでの教育で、我慢をしたり努力することばかりを教えられてきたので、自分が生きたいように生きてはいけないと思い込んでいる。

「一生懸命に仕事をしなければいけない」

「人のために生きなければいけない」

「良いことをしなければいけない」

「間違ったことをしてはいけない」

「人から笑われるような変わったことをしてはいけない」

「良い会社に入らなければいけない」

「良い結婚をしなければいけない」

「良い家庭を築かなければいけない」

「いけない」ばかりだ。

でも、なぜ、自分は自由に生きてはいけないのだろうか。なぜ、良い人でなければならないのだろうか。なぜ、働かなければならないのだろうか。

この世とは経験の場である。経験をして初めて気がつくようにできている。してはいけないという知識も、実際に経験をして初めてその意味がわかるのだ。

いったん、自分の中から「いけない」というのを外してみるといいだろう。良い人にならなければいけないと思い込んでいるあなたにとって、それは恐ろしいことかもしれない。

しかし、あえてそうしてみよう。私が瞑想をみなさんにお勧めするのは、瞑想で本当のあなたと出会ってほしいからだ。先述したポリシーというのも、ここから出てくる。

「自分が本当は何をしたいのか」

これは人からいくら教わってもわからない。自分のことは自分に聞くしか方法はないのだ。瞑想で自分としっかりと向き合おう。そして、本当の自分がどうしたいのか、素直に自分に聞いてみるといい。

「何がしたいのか？」と聞くと、たいていの人は「自分にどんな職業が向いているかわからない」とトンチンカンなことを答える。

問題は仕事ではなく、あなた自身が生きていくうえでのポリシーなのだ。それはどんなポリシーでもいい。「何がなんでも世のため人のためになりたい」というならそれもポリシー。

「努力せず、自分の幸福を追求したい」や「働かずノンビリと毎日をすごしたい」というのもポリシー。なんでもいいから、死ぬまでの間、どのように生きていきたいのか、という本音を知っておくことが大切なのだ。

本当は自分がどうしたいのかがわからないから、恐れや不安が出てくるのだ。生きている実感が湧かないのだ。

目をつぶると、そこにはあなたしかいない。ぜひ、あなたがどのように生きたいのか、自分でその答えを出してほしい。その答えが出ればあなたの中から恐れが消えていく。すべての事柄の答えはつねにあなたの中にある。あなた以外の外側ばかりを探すから見つからないのだ。

あなたは依存している

私は一九八六年九月に日本テレビを退職した。理由はテレビの仕事に魅力を感じなくなってしまったからだ。

かつてのテレビは粗削りで、洗練さは欠いていたかもしれないが、何が起こるかわからない破天荒なところがあり、作っている人たちも、それを見ている人たちもハラハラ、ドキドキ、そしてワクワクしていた。それがテレビの魅力だった。

ところが、テレビがシステム化され、効率化され、洗練度を増して、テレビ業界そのものが一つのステータスとして確立されてくると、いつのまにか、そこは常識の支配するつまらない世界になっていた。もうそこは私のいるべき場所ではなかったのだ。

突然、私が辞めると言い出すと、周囲は反対した。社長も私の辞表をなかなか受け取ってくれなかった。なぜ、私がこれまで築いてきたものをあっさりと捨てようとするのか、だれも理解ができなかったのだろう。

私はなんの感慨もなく、ふらりとテレビの世界に入ったが、辞めるときもそこからさらりと出て行ってしまった。私には生活をともにする家族もいなかったので、そうした決断も簡単にできたのだ。

じつは、二五歳のときに結婚したことがあるのだが、私のわがままで別れてしまった。相手がいればどうしても気を遣わなければならない。本当に申し訳なかったが、私にはそれができなかった。そもそも何事にも執着がない私には結婚は不向きなのだ。このことを痛いほど気づかされた。

愛情という言葉には誤解がある。「愛」はいいと思うのだが、「情」は執着であり、クオリアである。私はメソメソとした情は嫌いだ。情で縛り合ったり、寄りかかり合ったりする関係は特に嫌いだ。本来の愛は寛大で、へだてのないものである。人を愛情で縛ったりしない。

「愛」という言葉の実態を知らない人が多い。それはひと言でいえば「一体化したいと思う心」だ。本当の愛は、自分たちの母胎である宇宙と一体化することなのだ。

執着のない私の愛は、決して個人に向けられることはない。あらゆる人、そしてものにも均等に広がっていく。まるで自分が愛の中に溶けているような感覚なのだ。

実際、私が部屋にいると、私の愛がその部屋全体に満ちているらしい。感じ取ることができる人はそれを「温泉に入っているような心地良さ」と表現してくれる。私自身は愛の中に溶け込んで、いつものんびりとくつろいでいるのだ。これほどの至福の瞬間はない。その瞬間の連続が私の人生なのだ。

したがって、私は中途半端に生きることができない。何かに依存して生きることができない。

仕事。

会社。

家族。

恋人。
財産。
社会的地位。
プライド。
命。

このうち、何か一つでも失ったら生きていけないと思うようなものがあなたにあるなら、あなたは依存している。つまり、自立していない。恐れもそこから生まれる。私が将来のことも考えずに会社を辞めることができるのは、やはり何も恐れるものがないからなのだ。

宇宙塾を作る

ところで、私が会社を辞めたあと、私の中に見えてきたのは、近い将来、世界的な規模で大きな災害が起きてくるのではないか、という予感だった。これからはサバイバルの時代になるかもしれない。そう思って始めたのが「宇宙塾」という、私の経験から生まれた生き方、つまりヤオイズムを伝える寺子屋だった。

実際、二〇一一年に東日本大震災が起きた。しかし、同じような災害が再び、それも一度や二度ではなく何度も日本に起きるだろう、という予感が私にはまだある。油断をしてはいけない。これからが、あなたの本当の力が試されることになる。

これを機に、あなたの生き方を根本的に考え直してみてはいかがだろうか。

あなたはおそらく毎日が忙しいことだろう。でもよく考えてみると、それほど忙しいわけはない。にもかかわらず、忙しい思いがしている。ただ、気が急いているだけなのだ。それはなぜか？

小さいときから親の「早くしなさい」という言葉を何度聞いたことか……思い当たるはずだ。それが大人になった今でも強迫観念となって刷り込まれてしまっている。だからいつも気ぜわしいのだ。その他、「一生懸命やらなくては」「努力しなさい」「勉強しなさい」「よく考えて行動しなくては」「世間は甘くない」「真面目に生きなさい」「頑張るのよ」「人生は修行だから」「つらいことも我慢して」などなど。

そして、「感謝しなさい」。感謝とはするものではなく、心の底から湧き上がってくるものだ。小さいときの親の言葉は強烈なインパクトで脳にインプットされる。それはトラウマとなっていつまでも残る。大人になってからもあなたの無意識の行動規範となってしまう。親たるもの、子どもに対してもそれなりの覚悟が必要なのだ。

これからはブラジル人でいこう

「どうして、日本人はよく働くのですか」

ブラジルへ行くと、そんなことをたびたび聞かれる。誤解をしてはいけない。ブラジル人たちが勤勉な日本人に感心して、そう質問をしてくるわけではないのだ。彼らにはどうして日本人が働きすぎるのか、本当に理解できないのだ。日本では働きすぎて病気になっている人がたくさんいるが、これをブラジル人たちに説明するのは至難の業といっていい。

「一生懸命働いて、お金を貯めるのが日本人は好きなんだよ」

しかたなくそう言うと、彼らはさらに聞いてくる。

「なんのために、お金を貯めるのですか」

「老後にお金がないと心配でしょ。だから、日本人はたくさん働いて、お金をたくさん貯めることで忙しいんだよ」

「どうして？」

「お金がたくさんあれば、年取ってからでも心配がないし、世界旅行だってできるしね」

「わからないな。年取ってからお金をいっぱい持って世界旅行したって、何が楽しいの。お金がなくたって、若いうちにあちこち旅行したほうがもっと楽しいと思うけどな」

ブラジルは日本の裏側、つまり反対側にある。じつは場所だけではなく、ブラジルでは考え方も日本とは逆なのだ。

ブラジルには、ファベーラと呼ばれるスラムが都市のまわりにたくさんある。有名なのはリオデジャネイロの近くにあるファベーラで、山の中腹に位置し、イパネマの海岸の豪華なホテルの裏側にある。そこには粗末な、ボール紙で作ったような小さな家が傾斜地に所狭しと並んでいる。リオデジャネイロで生まれた人のことをカリオカという。そのカリオカの四人に一人がファベーラで暮らしているのだそうだ。

彼らは貧しい。しかし、とても明るく、楽天的な人たちだ。その性格が日本人とはまったく逆なのだ。

ファベーラで暮らす人のほとんどが日雇いのような仕事をしている。彼らは一日の仕事を終えると、わずかな日給を持ってバーへ行く。そこでビールの小ビンを買うと、ちびりちびりと飲みながら、そこの女の子に片っ端から声をかけて、いっしょに踊ったり、話し込んだりして朝まで過ごす。

じつは、そんな彼らもほんの少しだけ貯金をしている。もちろん、老後のためではない。年に一回開かれるリオのカーニバルで着る衣装を買うためだ。

ブラジルへ行って、そこで働いている日本人たちと話していると、いつも話題になるのは、いかにブラジル人が働かないかということだ。

ある日本人はこう言う。

「会社は九時から始まるのに、一〇時近くにならないとオフィスにはだれもやって来ない。しかも、一時間もしたらそれで午前中の仕事は終わり。一二時になると、またオフィスから人影が消えてしまう。食事と昼寝のために家に帰ってしまうんです。二時ぐらいには戻ってくるんですが、五時になるともうその日の仕事は終わりですからね。ブラジル人は働くことより、人生を謳歌することのほうが大切なんです」

ある日本商社の支店長が興味深い話をしてくれた。彼はあまりにも働かないブラジル人に手を焼いていた。東京の本社からは矢の催促が来るが、仕事が間に合わない。そんなある日、ブラジル人を働かせる良いアイデアを思いついたという。

「よく働けば給料を二倍出すという広告を新聞に出して、優秀なブラジル人だけを雇うことにしたのです。広告で募集すると、優秀そうな人材がたくさん集まりました。たしかに彼らは日本人のようによく働くので、びっくりしました」

「ブラジル人でも、やっぱりお金をたくさん出せば、それなりに働いてくれるんですね」

私がそう聞くと、彼は待ってましたとばかりに、話に落ちをつけた。

「ええ、一週間だけはね。翌週には全員が休んでしまいました。だれも来ないんです。これには驚いたし、困りました。臨時のバイトで切り抜けたのですが、一週間後、全員が会社に現れたんです。二度びっくりです。よく聞いてみると、二倍の給料が出たので一週間は遊べると言うんです。日本人だったら、いい条件の職場だから、一生懸命働いて長く雇ってもらおうと考えるでしょう。ところが、ブラジル人は違うのですね。収入が二倍なら、その半分で残りの一週間は遊んで暮らせますからね」

ブラジル人化した日本人

人生は修行ではない。人生は楽しく、ワクワクしたほうがいいに決まっている。ブラジルでは、みんながそうやって生きている。

日本人だって、もっとノンキに、楽しく暮らせばいいのだ。じつは、真面目で働き者の日本人でも、長くブラジルで暮らしていると、いつのまにかブラジル人のように能天気な人になってしまう。

以前、サンパウロの旅行代理店で働くTさんという日本人と知り合いになった。現地での取材に同行して通訳やコーディネートをしてくれるという。

「矢追さん、何の心配もいりません。私が飛行機のタラップの下までお迎えに行きますから、入国審査もフリーパスです」と言うので、いつもは通訳をつけない私もこのときは喜んでお願いすることにした。ところが、現地に着いてみるとタラップの下はおろか、空港のどこにも姿が見えない。

旅行代理店に電話をすると、朝からどこかへ行ったきり戻ってこないという。いつまで待っても現れないのでしかたなく空港の外へ出てみた。遠くに人だかりができている。そこへ行ってみると、おおぜいの人が集まって、動かなくなった車を修理している様子を見ていた。なんと、その車のそばにTさんが立っていた。すると、彼は近寄って来て、笑顔でこう言った。

「すいません。矢追さん、車がエンコしちゃって……。今、直してもらっていますから、もう少し待ってください」

車のボンネットを開けて、中年のブラジル人が油だらけの手でエンジンを直していた。

そばには警察官が立って、様子を見ている。

「何かあったんですか。おまわりさんまでいるじゃないですか」

私が聞くと、Tさんが言った。

「ヒマなんでしょ」

ここでは、おまわりさんも見物人の一人だった。みんなすることがないので、車の修理を見物しているのだ。

すると、修理をしていた人が突然ぶらりとどこかへ行ってしまった。それきりなかなか戻ってこない。

「あれ、あの人どこへ行ったんですかね」

「さあ、わかりません。そのうち戻ってくるでしょう」

Tさんはいたってノンキにタバコをふかしはじめた。たしかに三〇分ほどしたら、その人が新しい車のキャブレターを持って帰ってきた。それを車に取り付けたら、エンジンが見事にかかった。

「さー、矢追さん、車に乗ってください。出かけましょう」

修理をしてくれたブラジル人は「アディオス」と言うと去っていった。

「あれ？　あの人にお金、払わなくていいんですか」

「いいんです」

「だって、直してもらったんですよ」

「アミーゴ（友達）だから！」

「だって、ありがとうも言わずに……どういう友達なの？」

「いや、通りがかりの人だから、名前も知らないし」

ブラジルではみんながアミーゴなのだ。アミーゴだからＯＫということが多い。

「でも、あの新しいキャブレターは？」

「空港の消防車からはずしてきたらしいですよ」

Ｔさんは涼しい顔で、私の横で車を運転している。

「もし、飛行機が事故を起こしたら、どうするんですか。大変なことになりますよ」

「大丈夫でしょ。消防車はまだ他にもあるから。今度返しておきますし……」

Ｔさんは二〇〇〇年もブラジルで暮らしていて、すっかりブラジル人になっていたのだ。

それから一週間は毎朝ホテルに時間通りに来て、取材のコーディネートをしてくれた。ところが、明日のリオデジャネイロでの取材に飛行機で出発という日、いっしょに行くはずのTさんが突然来ない。出発時間になっても現れないのでしかたなくスタッフだけで旅立った。

一週間ほどして、リオデジャネイロからサンパウロに戻ってきて、日本に帰るために空港で出発時間を待っていた。すると、ポンポンと私の肩を叩く者がいる。振り向くと、Tさんがニコニコと立っていた。

「お帰りなさい。矢追さん」

「バカモン。お帰りじゃないよ。あの日、なんで来なかったんだよ」

「かみさんが産気づいて、それどころではなかったんですよ。かみさんと仕事のどっち取るかといえば、やっぱりかみさんじゃないですか」

「そりゃそうだよな」

私たちスタッフも納得せざるをえなかった。

「じゃあ、帰る前に働いてもらった分の日当をお渡ししなければ」と私がお金を差し出すと、

「いや、あれはいいです。アミーゴだから」と言って受け取らない。無理やり押し付けると、すまなそうにポケットに入れたが、ふとどこかへ行ってしまった。

その後、出国審査の行列に並んでいると、Tさんが戻ってきた。

「カウンターのアミーゴに言って、矢追さん一人分だけですが、ファーストクラスに変えてもらいました」とチケットを渡してくれた。

「オブリガード（ありがとう）」

私は言って、互いに「アディオス！」と別れのハグをした。

一生をのんびり暮らすブラジル人。そして、そのブラジル気質に慣れたTさん。やはりいい人だった。

それにしても、Tさんといい、車の修理の見物人といい、そこのおまわりさんといい、なんて楽しそうな、素敵な人たちばかりなのだろうか。

本当のことをいえば、日本人ももともとは楽天的な民族なのだ。三〇〇年前の江戸っ子は宵越しの金は持たないし、ブラジル人以上に楽天的な人生を過ごしていた。落語に出てくる熊さん八つぁんは実在した人たちなのである。彼らは「ダメだったらどうしよう」などと心配したりしない。能天気で、幸福な生き方を追求していたのである。

私自身の経験からもわかるが、そうした生き方をすると不思議なくらい運が良くなり、人生が思いどおりになっていく。あとで聞いた話だが、Tさんもどこかの旅行社の支店長になっているらしい。

エピローグ――私があなたに伝えること

クォンタムが見えた日

ある日、私は伊豆の海岸で瞑想をしていた。そこは海岸に突き出た、小高い岩の上だった。まだ冬だったが、春のような暖かい日差しが私の体を優しく包んでいた。潮騒の音が心地良く、私の耳に響いていた。幸せな午後だった。

何気なく目を開けると、私の眼下に陽光を受けてキラキラと輝く海が広がっていた。その瞬間だった。それが起きたのは。

強烈な光が私の頭のてっぺんから足の先までをドカーンと突き抜けていった。その閃光はあまりにも激しく、私はまるでギラギラと燃え盛る太陽の中に飛び込んだようだった。

おそらく、それは〇・〇〇……一秒という極微の瞬間だったに違いない。しかし、その刹那に私はすべてがわかってしまった。電子の奇妙な振る舞いから宇宙の始まり、さらにその構造のすべてが。

単純に「わかった」と書くと、誤解を受けるかもしれない。これは脳でわかったのではない。つまり、知識としてわかったのではない。私の全身の細胞で理解したこと、感じたことなのだ。

その瞬間、「ああ、これだ」と私は思った。静かな海が陽を受けて、チカチカと無数の反射を繰り返していた。原子の中の電子の動きも、これと同じなのだ。海の波の動きに合わせた光の点滅のようなものなのだ。

量子のことを英語で「クォンタム」という。量子は従来の物質のイメージではとらえられない。物質を構成している分子は原子からでき、その原子は電子などの素粒子からできていることは、本書でも何度か言及している。その電子が量子の代表格だ。

電子はだれにも見られていないときは波になっていて、だれかに見られると急に粒子に変身してしまう。見る人によって変幻自在に変化する。しかも、電子は波の状態では場所も定まっていない。どこにいて、どんな方向に、どんな速さで動いているのかも決まっていない。

じつにいい加減で、曖昧なのだ。

科学は、電子やその他の素粒子の動きを今、私が目の前で見ている個々の波の頂点のように、光る部分だけでとらえている。波の頂点だけが太陽の光を受けて光る。波は千変万化、頂点が次にどこに現れるかは予測不可能だ。だから、電子も次の瞬間どの位置に現れるかが予測できないのだ。

無限のエネルギーを秘め、果てしなく広がっている実体

空間もこれと同じではないのか。海が波打っているように、空間自体も振動しているのだ。これまでの科学では「空間は真空だ」と規定している。したがって、「空間が振動を起こす」という概念がないのだ。

たとえば、空気は空間を満たしている目に見えない物質である。その空気が振動すると音となって聞こえる。動くと風になる。きっと、宇宙もこれと同じだ。宇宙という空間が少しでも動くと、それが振動となって、電子や原子となって、あらゆる物質を生み出す。宇宙とは、振動することによってすべてのものを生み出す空間なのである。英語で空間のことを「ス

ペース」というのも面白い。スペースは同時に宇宙という言葉でもあるからだ。

あらゆる物質の基本となっている電子などの素粒子は振動している。つまり、波なのだ。そこで、池の水面に水滴がひとしずくポツンと落ちて、同心円を描いて広がっていく様子を思い浮かべていただきたい。

もしその水滴が一つではなく、もう一つあったらどうだろうか。二つの波がそれぞれ広がっていくうちにぶつかって、そこに新しい波が生まれて広がりはじめる。そして、その波がまた別の波に出合うと、さらに別の波が生じる。次々に新たな波が発生して、それが繰り返されていくのだ。

これまでの科学が空間を「何もない真空」としたのは、それを測定する測定器がなかったからではないだろうか？　測定できないものは「無」、つまり「真空」だとしてしまった。

でも空間はたんなる「無」どころか、無限のエネルギーを秘め、どこまでも果てしなく広がっている実体なのだ。すべての現象は空間から「有」として認識できる領域に現れてくる。それは空間が振動することで人間が認識できる形になるのだ。

電子をはじめすべての素粒子が振動している、つまり「波である」ということは、宇宙の始まりもこのような振動（波）だったと考えていいのではないだろうか。そしてもちろん、あなたも私もこの宇宙の振動なのだ。

私たちは何もない空間（無）が生み出した振動である。ただし、その振動は波がぶつかり合っていくうちに、それぞれ異なった周波数を持つようになり、もとの無から生じた振動の波動と共振できなくなってしまったのだ。

宇宙との共振を取り戻そう。宇宙とつながればいいのだ。宇宙とつながっていれば、すべてがわかる。あなたは本来のあなたを取り戻す。融通無碍《むげ》なあなたになる。そんなあなたがどうして恐れを感じたりするだろうか。

今、この瞬間を生きる

じつはあなたが生きているのは「今、この瞬間しかない」と言ったら驚かれるだろうか。

不思議だが、本当なのだ。

今、あなたが生きていることは間違いない。たしかに呼吸をしている。

確かめてみるといい。ちょっとだけ呼吸を止めてみよう。

数秒のうちに苦しくなる。これが「生きている」ということなのだ。

ふだんは当たり前すぎて意識していない。だから、生きていることを忘れてしまうのだ。自分の脳の妄想の中に逃げ込んでしまう。ほとんど一日中を妄想の世界で生きてしまう。なんともったいないことだろうか。

「生きている」ということは、自分の周囲に起こる出来事をしっかりと見、聴き、味わい、感じる、つまり全身全霊で体験することなのだ。

この世に生まれてくる前、魂だったかもしれないあなたはきっと「三次元の世界に行ったら、いろいろなことを体験できて楽しいだろうな」と思って生まれてきたに違いない。「これから行く三次元の世界はどんな所だろう」とワクワク、ドキドキしながら生まれてきたはずだ。

この世界が「修行の場」だとか、「苦しい思いをすればするほど人間性が高まる」などとは思わなかったに違いない。それでは生まれていこうというモチベーションが思い切り下がってしまう。生まれる気持ちになれないだろう。

「今、この瞬間しか生きていない」と言ったのにはもっと重要な意味がある。

「今」と思った一秒後は……？　今だ。

次の一秒後も、あっというまに「今」になってしまう。

つまり、未来というのは妄想の中にしかなく、つねに「今」の連続にすぎない。

ということは……？

今この瞬間を大切にしなくてはもったいない。いつの今も、目いっぱい、自分が満足するように全力投球しなくてはもったいないのだ。

あなたはあと何年生きられるか。あと何時間、何分、何秒かもわからない。若いからといって安心はできない。若年の脳梗塞も心筋梗塞も突然の事故もありえる世の中だ。

とすると、やはりこの一瞬を全力で楽しく生きなくてはもったいない。せっかく日本という素晴らしい国に生まれてきたのだから。少なくとも私はそのように思って生きてきた。

そこには他人が私をどう見るかとか、金や財産や地位にこだわる余地はない。ひたすら全力で、今この瞬間を、楽しく味わい尽くそうと生きているだけなのだ。

あなたは今この瞬間、幸せですか？

ＹＥＳなら、あなたは死ぬまで幸せでしょう。

とっておきの秘法

最後に、とっておきの秘法をお伝えしておこう。

ここまで読み進まれて、おそらくあなたはこう思っておられるだろう。

矢追の言わんとすることはだいたいわかった。参考になることもあったし、同意できないこともあった……。

でも、ちょっとお待ちいただきたい。

「理解した」ということと「わかった」とは天と地ほどの違いがある。

「理解」は知識として脳の一部に入れた、というだけで、論理的思考とやらでわかった気になったというだけだ。

論理的というのは説明のための説明にすぎない。なんら実体に迫るものではない。

では、「わかった」とはどういうことかというと、実際に体験して、体で感じ取ったということなのだ。

例を挙げると、二歳くらいの子にお母さんが、ヤカンを指差して「これは熱いから触っちゃダメよ。アッチッチだからね」と教える。

子どもは「うん」と、母の言うことは理解した。

が、実際に触って「アチッ」と泣くまではわかったことにならない。

たんなる知識と、体験をともなったものとはまったく違うのだ。

一方、ある〝思い〟を他人に伝えるということも、至難の業だ。

たとえば、あなたが恋愛をしたときのことを思い出してみるとわかる。

自分の〝思い〟を相手にどう伝えるか？

「愛している」とか「好きです」くらいのことしか言葉がない。

しかし、自分の思いは、そんなものじゃない。でも他に表現のしようがないから困る。それを聞いた相手もよくわからない。「私のどこがいいのですか？」と聞いてみる。が、返事にまた困る。「うーん、なんとなく全部……」みたいなことしか言えない。

人間の意思疎通の方法としては、言葉の他に文字と映像がある。

が、どちらも実際の〝思い〟は伝わらない。昨日食べた美味しかったラーメンの味すら伝えることは無理。説明すればするほど実体からは遠ざかる。

となると、「どうやったら、あなたが自信を持って生きていける人になれるか？」や、「真に自立した人になれるか？」も伝えることは不可能という矛盾に突き当たってしまう。

答えは前述した〝一子相伝〟方式にある。

「そばにいるだけで感染する」ことしかないのだ。言い換えれば、テレパシーのような形で全身全霊をもって伝えることしかできないのだ。

私が主宰する「宇宙塾」はそのような方式で行なうので、参加者はボーッと座っているだけでいい。何かを覚える必要もなく、メモを取る者もいない。眠っていてもいるだけで十分！世界一ゆるいセミナーなのだ。どうやっているかというと、膨大な情報を目に見えない温泉のお湯のように室内いっぱいに充満させる、情報の温泉なのだ。したがって、浸かっているだけで気持ちがいい。同時に温泉の効用（情報）はいつのまにか体に浸透して、効果（「わかった」）を発揮する。わかりやすく言えば、テレパシーのような方法で伝えているのだ。

でも、一週おきの土曜日の三時間を、ただ座っているだけというのは苦痛だろう。だからサービスとして、これまでにテレビや本などで言えなかった数々の秘密をお話しする。「宇宙塾」でもっとも重視しているのは〝ヒーリング〟という秘法だ。これは、手を触れずに体の不調を本来の元気で健康な状態にするという究極のサバイバル法でもある。

なぜこれが究極かというと、たとえば大地震や津波、大規模な土砂崩れや台風などのような大きな災害が襲ったとき、生き残った人は当面、体育館などの広い公共施設で何日か何週間を過ごすことになるだろう。となると、多くの人が体調を崩す。あるいは精神不安定になったり、それがもとで病気になったりするかもしれない。お医者さんや薬も注射もないことだろう。そういうときに威力を発揮するのがこの「ヒーリング」なのだ。

このSEヒーリング（Sharing Energy）は第一に、触らないで癒す。直接、触らないので触りにくい所にも施術できる。なんといっても、いい点は、自分で自分を癒せることだ。

通常、名医でも自分で自分を癒すのは難しい。でも、SEヒーリングはそれが基本なのだ。大災害のような究極の状況で役立つことが大切だからだ。

もちろん自分の周りで困っている他人にも施せる。そして、遠くにいる親戚や友人にも遠隔という方法で施術できるのだ。

手を触れずに、骨格がズレているのを正しい位置に戻したり、精神的に不安定になっている人にも有効。その他、利点はたくさんあるが、なんといっても身一つで、どんな環境でもできるので重宝だ。それに、これを知っているだけで、食うには困らない。いつどこでも体の不調に悩んでいる人はいる。その人たちを癒してあげれば、食べ物の少しくらいは分けてくれるだろう。

また、毎朝五～六分、自分で自分にやっておくと、一日中元気に過ごせるのが、なによりの利点かもしれない。

【「宇宙塾」問い合わせ】
▼矢追純一ＨＰ◎http://spacian.net/
▼担当・小川◎０９０・３９００・３９９０

【おもな参考文献】

『冒険特派員』矢追純一　廣済堂出版
『カラスの死骸はなぜ見あたらないのか』矢追純一　雄鶏社
『人は死ぬ時なぜ体重が減るのか』矢追純一　河出書房新社
『矢追純一は宇宙人だったP』矢追純一　学研パブリッシング
『「矢追純一」に集まる未報道UFO事件の真相まとめ』矢追純一　明窓出版
『もやし』矢追三恵　私家版
『脳とテレパシー』濱野恵一　河出書房新社
『進化しすぎた脳』池谷裕二　朝日出版社
『ギアナ高地　巨大穴の謎に迫る』早川正宏、チャールズ・ブリュワー＝カリアス　NHK出版

新装版《しんそうばん》ヤオイズム

あなたは本当《ほんとう》に生《い》きているか

矢追《やおい》 純一《じゅんいち》

明窓出版

令和五年三月十日　初刷発行

発行者——麻生 真澄

発行所——明窓出版株式会社

〒一六四—〇〇一二
東京都中野区本町六—二七—一三
電話　（〇三）三三八〇—八三〇三
ＦＡＸ（〇三）三三八〇—六四二四

印刷所——中央精版印刷株式会社

落丁・乱丁はお取り替えいたします。
定価はカバーに表示してあります。

ISBN978-4-89634-454-7

矢追純一 プロフィール
Junichi Yaoi

一九二五年、満州国新京に生まれる。中央大学法学部法律学科卒業。

一九六〇年、日本テレビ放送網入社「11PM」「木曜スペシャル」などの名物ディレクターとして、UFO、超能力、超常現象 をテーマにした話題作を数多く手がける。同社を退社後も、テレビ、ラジオ番組制作・出演、執筆、講演など多方面で活躍中。

「宇宙塾」主宰。宇宙科学博物館「コスモアイル羽咋」名誉館長。

著書に『「矢追純一」に集まる未報道UFO事件の真相まとめ ～巨大隕石落下で動き出したロシア政府の新提言』(明窓出版)、『矢追純一は宇宙人だった!?』(学研プラス) など、多数。

「矢追純一」に集まる
未報道 UFO 事件の真相まとめ
巨大隕石落下で動き出したロシア政府の新提言

本体価格 1,450 円＋税　　**矢追純一**

被害甚大と報道されたロシア隕石落下など Yahoo! ニュースレベルの未解決事件を含めた噂の真相とは！？ 航空宇宙の科学技術が急速に進む今、厳選された情報はエンターテインメントの枠を超越する。

ボロネジに現れた奇妙な宇宙人とロボット / レーダーを破壊、接近行動をとるUFO / 北極圏の禁断の地に住む異人類 / ツングース大爆発の真相はUFOだ / 巨大UFOの破片が、地球のまわりを周回している！/ 300人の宇宙人との遭遇 / ソ連時代からUFOを開発していたロシア / 全米で1400万人以上、ロシアでは1年に5500人が誘拐されている！

（目次より一部抜粋）